Discursos e Reprodução
de sentidos na escola:
interface entre o discurso escolar, alunos e processos de significação

Discursos e Reprodução de sentidos na escola:
interface entre o discurso escolar, alunos e processos de significação
Irene Scótolo

Editor
Sebastião Haroldo de Freitas Corrêa Porto

Projeto Gráfico
Caroline Silva

Capa
Juliana Signal

Revisão
Silvana Pereira de Oliveira

Dados Internacionais de Catalogação na Publicação (CIP)
(Câmara Brasileira do Livro, SP, Brasil)

Scótolo, Irene
Discursos e reprodução de sentidos na escola : interface entre o discuso escolar, alunos e processos de significação / Irene Scótolo. -- São Paulo : Porto de Idéias, 2010.

ISBN 978-85-60434-83-1

1. Análise do discurso 2. Educação - Filosofia 3. Ideologia 4. Pedagogia 5. Professor como profissão 6. Representações sociais 7. Sujeito (Filosofia) I. Título.

10-07249 CDD-370.1

Índices para catálogo sistemático:
1. Alunos do curso de Licenciatura em Letras : Discurso escolar, alunos e processos de significação : Discurso pedagógico : Educação : Filosofia 370.1

EDITORA PORTO DE IDÉIAS LTDA.
Rua Pirapora, 287 – Vila Mariana
São Paulo – SP – 04008.060
Tel. (11) 3884-3814 Fax (11) 3884-5426
portodeideias@portodeideias.com.br
www.portodeideias.com.br
twitter.com/portodeideias

Discursos e Reprodução de sentidos na escola:

interface entre o discurso escolar, alunos e processos de significação

IRENE SCÓTOLO

Porto de Idéias EDITORA

São Paulo, 2010

Ao Ari, pela presença constante em todos
os meus momentos de escrita e reescrita.

Agradecimentos

Aos alunos do Curso de Letras 2009 do Centro Universitário Fundação Santo André, com carinho especial aos 3° e 4° anos, pelas oportunidades de ensino, reflexões, contribuições e pesquisas que constituíram as bases para a elaboração deste trabalho.

À Proppex – Pró-reitoria de Pesquisa e Extensão do Centro Universitário Fundação Santo André – pela oportunidade e gentil permissão para a elaboração e aplicação da pesquisa.

À minha amiga Clarice Assalim, pelo incentivo e carinho.

Ao Colegiado de Letras, pelos comentários e sugestões.

À Editora Porto de Ideais, com particular atenção ao Sebastião Haroldo e à Silvana, pela realização de mais este sonho.

Sumário

Introdução

De acordo com Canário (2002, p. 7), o contexto escolar tem como tarefa fundamental "criar dispositivos de avaliação e de acompanhamento que permitam, ao mesmo tempo, saber o que se passa, intervir em termos de regulação" e "aprender com a experiência".

Este estudo está inserido nesta recomendação. Descreve uma investigação realizada no contexto do Curso de Letras, a partir da qual foram analisadas as representações sociais e a circulação de discursos institucionalmente legitimados presentes nas respostas a um questionário apresentado a alunos da licenciatura que se graduam como professores.

O título escolhido – *Discursos e Reprodução de sentidos na escola: interface entre o discurso escolar, alunos e processos de significação* – procura sintetizar a ideia-chave proposta por Canário, a qual consiste em acreditar que ter conhecimento da opinião que os estudantes têm do lugar onde estudam, de seus professores e da profissão que escolheram para a vida pode se constituir no objeto de transformação da ação pedagógica e que o resultado da análise dos discursos que se constroem a partir de suas formulações pode adquirir mais sentidos quando transportados para o cenário do contrato didático[1].

---

1 Contrato didático: trata-se de um conjunto de regras implícitas ou explicitas que regem as responsabilidades daqueles envolvidos nos processos de ensino e de aprendizagem.

Os desafios que a sociedade atual coloca aos indivíduos quanto às possibilidades, oportunidades e necessidades requerem mudanças de relação com o conhecimento, requererem participação ativa tanto de alunos quanto de professores na produção de novos saberes. Verificar quais são os interesses desses estudantes é fundamental. Trata-se de desvendar novas formas de compreensão e se há comprometimento com o processo de aprendizagem.

Esta busca não configura, de forma alguma, uma proposta fácil de concretizar em virtude do volume de respostas a serem analisadas. Contudo, uma investida deste porte constitui-se como um campo de estudo e de pesquisa extraordinariamente rico, de onde se podem retirar importantes conclusões sobre os processos de representação e de significação.

Optamos pela Análise de Discurso de linha francesa como a principal base teórica para a compreensão do poder do discurso, cujos maiores expoentes são Michel Foucault e Michel Pêcheux. O primeiro por ter exercido grande influência nos debates e investigações a respeito das relações entre saber e poder. O segundo por ter introduzido um método de análise para essas relações – a análise automática do discurso. Pêcheux (1975) considera que todo discurso é determinado pelas condições de produção[2] e por um sistema linguístico.

Levando em conta os caminhos possíveis para estudar a instituição escolar, propusemo-nos a constituir como objeto de investigação o discurso dos alunos, pois é considerado espaço de materialização de ideologias.

Nesse objeto, limitamo-nos a abordar a prática discursiva dos sujeitos, mais especificamente alunos do Curso de Licenciatura em Letras.

Questionamos a relação que o aluno mantém com a instituição em que está inserido; o que lhe é significativo ou não; de que forma elabora seu discurso, para que ele possa circular. Em

2 As condições de produção, para Pêcheux, são definidas pelos "lugares" ocupados pelo emissor e pelo receptor na estrutura de uma formação social.

função disso, procuramos compreender os enunciados que compõem o objeto de estudo e estabelecer correlações. Buscamos refletir sobre os discursos a respeito das representações do que vem a ser professor sob a ótica dos alunos.

Ao organizar este trabalho em torno do discurso desses sujeitos – futuros professores – e das representações que fazem também sobre a instituição escolar, procuramos amparo na concepção de discurso que supõe sua relação com a exterioridade e levar em conta os efeitos da história e da ideologia, bem como as posições discursivas criadas pelo discurso pedagógico para os sujeitos discursivos.

É dever do analista de discurso buscar, ir além do que é dito, ir além do que está na superfície das evidências, afirma Orlandi (1999).

Observa-se um fato por meio de diferentes perspectivas, construindo, assim, diferentes objetos. Na perspectiva adotada para esta investigação, o olhar já é um gesto interpretativo (ORLANDI, 1996a). Assim, a construção da proposta metodológica, por implicar interpretação, se dá no decorrer do trabalho, segundo os critérios de pertinência aos objetivos e ao tema do estudo, pois, como afirma Pêcheux, não há um procedimento metodológico que se aplique automaticamente a todo e qualquer discurso.

Em análise do discurso, a própria seleção do *corpus* já é um movimento analítico; pelo gesto de leitura do material empírico é que podemos selecionar o que é significativo, ou não, ao gesto de interpretação do analista. A constituição do *corpus* e a análise, portanto, serão simultâneas.

O *corpus* é constituído segundo os conceitos pertinentes para a análise e a partir da reflexão sobre os objetivos deste trabalho.

Para entender como esses discursos estão relacionados à ideologia, buscamos amparo nas concepções de sujeito e linguagem que contemplam as determinações histórico-sociais que lhes são constitutivas.

A hipótese formulada para este trabalho é a de que o discurso desses alunos está ideologicamente constituído pelo discurso pedagógico, que procura estabelecer a ilusão de que há sentidos estabilizados, garantindo, assim, o seu poder de controle do discurso.

Para sustentar a hipótese, o *corpus* foi estudado exaustivamente. Entendemos que o discurso não se constitui linearmente, mas sobre discursos anteriores, formando uma trama. O que se examina por meio desta investigação não é o material linguístico e sim o processo discursivo. Para construir a interpretação não trabalhamos com a linguagem enquanto dado, mas com suas relações com a ideologia e com as formações discursivas, o que possibilita a compreensão do funcionamento do discurso.

Entretanto, para alcançar essa compreensão é preciso partir das marcas linguísticas. Essas dizem respeito à organização do discurso, sua relação com a exterioridade e com a situação.

Considerando os pressupostos descritos acima, constituiu-se o objeto de estudo desta pesquisa: as representações acerca da profissão de professor, materializadas no discurso que caracteriza o contrato didático. A escolha recaiu sobre o Curso de Letras do Centro Universitário Fundação Santo André. Isso se deve ao fato de sermos professora no Curso de Letras e de termos feito outras pesquisas relacionadas ao tema deste trabalho na mesma instituição.

Optamos por trabalhar, preferencialmente, com o 4º ano porque esse é considerado um divisor de águas, uma etapa final, em que os indivíduos passam de alunos a professores, de uma situação de expectativas em relação ao curso para uma situação de expectativas e incertezas em relação ao futuro profissional.

Ao proceder a uma análise do discurso dos alunos do Curso de Letras, buscamos trazer à tona aspectos das representações sociais que eles elaboraram sobre sua escolha profissional, sobre seus possíveis futuros alunos, sua motivação com relação à Educação, questões relativas à construção da identidade, da diversidade em sala de aula, entre outros.

Acreditamos que a passagem do aluno pela universidade consiste em uma experiência de vida que vai muito além da aquisição de teorias e práticas, ou do conjunto de habilidades linguísticas adquiridas nessa fase. Cursar o ensino superior é, a nosso ver, a possibilidade de se conquistar uma consciência mais crítica e de se desenvolver integralmente como cidadão.

Para poder proceder à investigação, foi estabelecido, primeiramente, um contato com o Colegiado de Letras para o qual a proposta de trabalho foi apresentada e aceita. A coleta de dados para o gesto interpretativo desta investigação exigiu o engajamento espontâneo dos alunos e da pesquisadora. Pela disponibilidade apresentada por ambas as partes, adotamos, como técnica de acesso aos dados, a elaboração de um questionário com onze perguntas abertas, um espaço para descrição do que vem a ser um educador e outro para sugestões (ver Anexo).

A investigação foi desenvolvida no âmbito do Curso de Letras, com alunos do 1º ao 4º ano, nos períodos matutino e noturno, entre junho e outubro de 2009. O que procurávamos não eram respostas definitivas com relação às escolhas dos alunos nem tão pouco apresentarmos "verdades" sobre suas representações. O que pretendíamos era permitir que os alunos expressassem seus pensamentos sobre questões relativas à sua formação e à instituição de ensino superior em que estudam.

Com os registros das respostas aos questionários, pretendemos recolher, para posterior análise, os enunciados observados e, desta forma, identificar padrões e regularidades, modalidades de funcionamento discursivo que levaram os alunos a construírem determinadas representações. Esses registros foram submetidos à análise da materialidade linguística seguida da análise interpretativa, como requer a Análise do Discurso de linha francesa (AD).

Dos 225 alunos que compõem o Curso de Letras, foram recolhidos 91 questionários respondidos e totalmente preenchidos. Os questionários foram aplicados aos estudantes com o propósito de desvelar suas percepções com relação à sua formação profissional.

No contexto da investigação tivemos coletados: 20 questionários no 1ºB, 19 no 3ºB, 37 no 4ºB, 9 no 3ºA e 6 questionários no 4ºA .

Consideramos, assim como a AD, a proposta teórico-metodológica adotada necessariamente interdisciplinar. Buscando respostas à pergunta: Que sentidos são criados pelos alunos para o seu mundo profissional futuro?, tornou-se imprescindível estabelecer uma interface com a Psicologia Social, por centrar seu foco de estudos nas práticas discursivas, segundo uma abordagem construtivista da produção de sentidos, que reconhece o contexto histórico como um aspecto fundamental desse processo; com o Multiculturalismo Crítico, cujas principais referências são Pêcheux, Foucault, Autier-Revuz, Orlandi, Hall, MacLaren; com a Pedagogia Crítica, no caso de Bourdieu.

Essas interfaces serão expostas e discutidas ao longo dos capítulos.

★

Este trabalho está dividido em três capítulos. O primeiro apresenta ideias e conceitos considerados fundamentais para a compreensão dos processos de produção e funcionamento dos discursos, tais como: sujeito, discurso, ideologia, identidade, representação, alteridade. Analisam-se as características do discurso, seu funcionamento e suas relações; apresentam-se alguns relatos dos alunos; discute-se o papel desses sujeitos no contexto escolar e os efeitos de sentido produzidos a partir de suas respostas.

No segundo capítulo é apresentada a metodologia da investigação. Num primeiro momento é caracterizado o objeto de estudo: o discurso dos alunos e, seguidamente, apresentado todo o procedimento metodológico analítico que foi desenvolvido.

No que se refere à coleta de dados, apostou-se em uma coleta em contexto real, em sala de aula.

No terceiro são apresentados os resultados obtidos

Por último são apresentadas as conclusões do estudo, apontadas suas limitações e referidas algumas possibilidades de futuras investigações.

O que se pretende com esta investigação é compartilhar esses estudos com aqueles que se interessam pelo desenvolvimento de seu alunado e, de alguma forma, disponibilizar uma ferramenta que possa, eventualmente, auxiliar nas práticas do contexto escolar.

1 Configurações teóricas da análise do discurso

1.1. A escola de orientação francesa

A Análise do Discurso surgiu na década de 60, na França, tendo o discurso como objeto de estudo. Ao se propor estudar o discurso, a AD busca ver a língua não apenas como transmissão de informações ou o simples ato de fala, mas a língua numa visão discursiva que busca a exterioridade da linguagem. Nesse momento, marcado pela conjunção entre filosofia e prática política, estudiosos da linguagem passaram a questionar a Linguística através da problematização de conceitos fundamentais como língua, texto, significado imanente, análise do conteúdo, dentre outros.

De acordo com Orlandi (2001), primeiramente buscou-se uma ruptura da noção de sentido. Segundo a autora, surgiu a necessidade de se entender o sentido para além da análise do conteúdo de um texto, ou seja, em seu movimento, buscando entender como um texto funciona. Para tanto, foi necessário um deslocamento da noção do "o que" para "o como" um texto significa. Seus estudos revelam que essa questão tornou-se "a questão da própria materialidade do texto, de seu funcionamento, de sua historicidade, dos mecanismos dos processos de significação" (ORLANDI, 2001, p. 21). Em outras palavras, o conhecimento passou a ser produzido a partir do próprio texto, a partir de sua discursividade. Esta ruptura só foi possível devido ao questionamento, por parte dos linguístas, da noção de língua como um sistema abstrato, estático. Esses passaram a assumi-la como palavra em movimento, como palavras produzindo sentidos.

Contrapondo-se àqueles que entendiam a língua como um sistema de regras formais fechado em si mesmo, a AD surgiu como uma disciplina que se interessa pela linguagem enquanto produtora de sentido. Assim, a AD buscou situar-se enquanto uma área de estudos da linguagem que visa ter por objeto de estudo o discurso.

De acordo com Maingueneau (1997), nesse momento histórico articularam-se três regiões do conhecimento em torno de reflexões a respeito da linguagem: a Linguística, o Marxismo e a Psicanálise. É no espaço de reflexão criado por essas três áreas que se situa a AD. Podemos dizer, então, que essas áreas se constituíram nos alicerces para a proposta de Pêcheux (1975) de uma teoria do discurso.

Da Linguística a AD se serviu da noção de não-transparência da Linguagem; do Marxismo herdou a ideia de que "há um real na história" que não é transparente para o sujeito, já que este é assujeitado pela ideologia (ORLANDI, 1999, p. 19); da Psicanálise teve por contribuição a noção de inconsciente estruturado pela linguagem de modo que o sujeito se constitui na sua relação com o simbólico.

Orlandi (2001), ao discorrer sobre o objetivo da AD, menciona que a Análise do Discurso toma a linguagem como mediadora indispensável entre o homem e o meio social e natural em que vive, assim, a AD não toma a língua como um sistema abstrato, mas a língua como método de interação.

Um dos precursores da AD francesa foi Michel Pêcheux. Para a sua criação, Pêcheux (1997) realiza rupturas com as pesquisas estruturalistas que viam a língua apenas como um veículo para a comunicação, limitada em si mesma, e busca analisá-la a partir de aspectos que vão além do ato comunicativo, ou seja, aprofunda-se nos aspectos extralinguísticos do discurso a fim de chegar à construção de sentidos do contexto social, histórico e ideológico no qual um determinado enunciado está inserido. Isso implica dizer que a língua é tomada como produto da interação entre os falantes, é um veículo de interação com o mundo e tem o propósito de ocultar questões ideológicas materializadas na linguagem.

Tendo por base as ideias de Pêcheux e Fuchs (1975) sobre a relação necessária entre o dizer e as condições de produção desse dizer, ou seja, com uma teoria que permite o reconhecimento dos processos de significação inscritos na materialidade discursiva, a AD marca seu lugar no quadro teórico dos estudos da linguagem.

A esse respeito, Brandão (2004, p. 07) ressalta que Bakhtin vê a língua como "um fato social cuja existência funda-se nas necessidades de comunicação". Ele vê a língua como objeto concreto que decorre da expressão individual de cada falante. Em outras palavras, há a valorização da fala e a enunciação é tomada como produto da interação entre os falantes. É nessa visão bakhtiniana que a AD vê a linguagem.

Neste sentido, a linguagem é a materialização do discurso e carrega consigo as manifestações ideológicas de ordem sóciohistórica enunciadas pelos sujeitos do discurso.

Partindo do pressuposto de que o discurso ou qualquer enunciado está relacionado com o contexto e a situação em que este enunciado foi produzido, Pêcheux (1990) emprega ao contexto a denominação de condições de produção. É nessa perspectiva que o sujeito ao produzir o seu discurso entra num jogo de imagens, ou seja, ele faz uma imagem do local em que ele enuncia, a imagem de si mesmo e do seu interlocutor, já que a existência do interlocutor é uma condição para que um sujeito se expresse de uma forma e não de outra.

Assim, vemos que um enunciado de um locutor só ocorre quando este imaginariamente antecipa e organiza o seu discurso de modo estratégico de acordo com aquilo que o seu receptor espera desse enunciado.

Sendo o discurso um modo social de produção de linguagem, para procedermos à sua análise e entendermos os processos que o constituem faz-se necessária a compreensão de alguns conceitos fundamentais, como a própria noção de discurso, ideologia, sujeito, sentidos e interpretação.

1.2. O Sujeito para a AD

O sujeito de que fala a AD é o sujeito constituído pela história e afetado pela ideologia.

Pêcheux (1975) refuta a noção de sujeito fonte intencional do sentido, para quem o sentido do que produz em seu dizer é transparente, para entendê-lo como um sujeito que produz sentidos a partir de uma posição determinada ideologicamente. Segundo Pêcheux, esse sujeito é afetado por duas ilusões, ou esquecimentos, ambos ligados ao interdiscurso.

O esquecimento número 1 diz respeito à ilusão do sujeito de ser a origem do que diz, a fonte única do sentido do seu discurso, quando, na verdade, ele retoma sentidos já existentes. Em outras palavras, o sujeito crê ser originário de seu dizer, quando, na realidade, é a constituição anterior de seu discurso que lhe escapa. O sujeito "esquece" que os sentidos não são determinados por ele e sim pela maneira como ele se inscreve na língua e na história. Na verdade, o sujeito retoma sentidos já existentes. Os sentidos não significam simplesmente pela vontade do sujeito. Os discursos estão sempre em processo e as palavras sempre em movimento, não partem do sujeito.

O esquecimento número 2 produz, no sujeito, a ilusão de que o que ele diz só pode ser dito daquela maneira e não de outra, ou seja, de que o sentido que atribui às suas palavras é único, não existe outro. Em outras palavras, a originalidade é uma ilusão, pois o sentido sempre pode ser outro. É a ilusão do controle do dizer e da objetividade da linguagem.

Concebido desta maneira, o sujeito não é o início nem da língua nem da história, tampouco pode controlar os sentidos provocados pela linguagem.

Orlandi (1999, p. 36) ressalta que "é necessário que haja a ilusão para que a linguagem funcione nos sujeitos e na produção de sentidos".

Na abordagem dada por Authier-Revuz (1990) sobre a constituição do sujeito, toda fala é determinada de fora da vontade do sujeito, ou seja, o sujeito não a controla porque ela é determinada por um "exterior constitutivo, aquele do já-dito, com o que se tece, inevitavelmente, a trama mesma do discurso" (AUTHIER-REVUZ, 1990, p. 28). Deste modo, o sujeito não é homogêneo, não é a origem, pois outras vozes permeiam o seu discurso. "As palavras são sempre e inevitavelmente as palavras dos outros", diz a autora ao retomar Bakhtin. Nessa perspectiva, o sujeito não é a fonte do dizer. Ele é o "suporte e o efeito".

Para a autora, o sujeito não é uno. De acordo com a sua perspectiva psicanalítica, esse sujeito é dividido, clivado, e seu discurso é constitutivamente atravessado pelo discurso do Outro[3]. Desse modo, o sujeito é heterogeneamente constitutivo. Porém, sua heterogeneidade lhe escapa, o que resulta na crença de ser uno e possuidor de uma identidade fixa.

No entanto, "as ilusões constitutivas" – a ilusão de ser uno e a de que suas palavras são realmente suas – são necessárias "para que o sujeito possa reconstituir, no imaginário, a imagem de um sujeito autônomo e signifique" (AUTHIER-REVUZ, 1990, p. 33).

Quanto à constituição do sujeito e dos sentidos, Orlandi (1999) afirma que o trabalho da ideologia é o de produzir evidências. Essas funcionam pelos esquecimentos, ou seja, são

---

3 "O Outro é o lugar estranho de onde emana todo discurso: lugar da família, da lei, do pai,na teoria freudiana, liame da história e das posições sociais, lugar para onde é remetida toda subjetividade" (AUTHIER-REVUZ, 1982, p. 137 *apud* BRANDÃO, 1997, p. 56).

efeitos ideológicos. Tanto os sentidos quanto a constituição de si próprio própria escapam ao sujeito. Assim a evidência de que "eu sou eu" e a de que os sentidos coincidem com as coisas são efeitos ideológicos.

Orlandi esclarece que

> [...] A evidência do sujeito, ou melhor, sua identidade, esconde que esta resulta de uma identificação, que é o que constitui sua interpelação. Essa interpelação – que se dá pela ideologia [pela sua inscrição em uma formação discursiva] – produz o sujeito sob a forma de sujeito de direito (jurídico) que, historicamente, corresponde à forma-sujeito do capitalismo: sujeito ao mesmo tempo autônomo (e, logo, responsável pelo que diz) e determinado por condições externas, um sujeito com seus direitos e deveres. (ORLANDI, 2000, p. 57).

Para a AD, sujeito de direito não é o mesmo que indivíduo. O sujeito de direito é fruto da sociedade capitalista. Orlandi (1999, p. 51) observa que ao se submeter o sujeito à ideologia de uma sociedade, mas, ao mesmo tempo, permitir que ele se sinta livre e responsável, o assujeitamento se faz de modo a que o discurso seja percebido como um instrumento límpido do pensamento e um reflexo da realidade.

Quanto aos sentidos, eles são constituídos social e historicamente, mas, pelo funcionamento das evidências, ficam esvaziados de sua historicidade. Pela evidência do sentido acredita-se que uma palavra designe uma coisa, ou seja, acredita-se na transparência do sentido. O sujeito, na verdade, está sempre fazendo remissão a uma formação discursiva.

Foi dito que o sujeito retoma sentidos já existentes. Isto significa que algo do dizer é resgatado. Entre os conceitos que a AD desenvolve, a noção de que o discurso resulta da relação que mantém com outros discursos é fundamental. É a partir dessa noção que poderemos elucidar a relação que os discursos dos alunos, aqui analisados, mantêm com outros dizeres "já esquecidos", mas que surgem como componentes dos discursos atuais.

1.3. A constituição ideológica do discurso

O objetivo desta seção é fornecer o embasamento necessário para a compreensão da proposta teórico metodológica do estudo da produção de sentidos, parte fundamental desta investigação. Busca-se situar, no âmbito da Análise do Discurso de linha francesa, o estudo da produção de sentidos a partir da análise demonstrativa de algumas práticas discursivas.

Busca-se, ainda, situar a produção de sentidos como forma de conhecimento que se filia à perspectiva construtivista. Do ponto de vista da Análise do Discurso, busca-se discutir os processos de formação dos sentidos, concebendo-os como construções dialógicas.

Esta discussão está apoiada nas concepções da AD, que propõe, como objeto principal, trabalhar os processos histórico-sociais de constituição da linguagem através do discurso. Para a AD, a linguagem é constituída pela exterioridade. Assim, "as palavras significam porque têm sua interpretação derivada de um discurso que as sustenta, que as provê de realidade significativa" (ORLANDI, 2001, p. 86). Essa abordagem teórica proposta pela AD vai ao encontro de nossos interesses ao analisar o discurso dos alunos, pois o entendemos como produto de outros discursos, lugar onde ideologia e linguagem se articulam.

A linguagem é uma forma de significar no mundo e significar o mundo, cujos processos que entram em sua constituição são histórico-sociais.

Estudioso da linguagem e do discurso como uma prática social, Fairclough (1989) ilustra que não há uma relação entre linguagem e sociedade, como se as duas fossem entidades independentes. Para ele, esta relação é dialética, ou seja, o fenômeno linguístico é um fenômeno social.

> Linguistic phenomena are social in the sense that whenever people speak or listen or write or read, they do so in ways which are determined socially and have social effects. Even when people are most conscious of their own individuality and think themselves to be most cut off from social influences – 'in the bosom of family', for example – they still use language in ways which are subject to conventions. And the ways in which people use language in their most intimate and private encounters are not only socially determined by the social relationships of the family, they also have social effects in the sense of helping to maintain (or, indeed, change) those relationships. (FAIRCLOUGH, 1989, p. 23).[4]

Para a AD a linguagem não é transparente e sim de natureza social, já que relaciona sujeitos e sentidos que são afetados tanto pela língua quanto pela história. Desta forma, o sentido não está na palavra. De acordo com Orlandi (1999), devemos recusar a concepção de linguagem enquanto mera transmissão de informação. Segundo a autora, o que temos são complexos processos históricos e ideológicos produtores de sentidos que trabalham "a mediação necessária entre o homem e a realidade natural e social" (*op. cit.*: 15). Desta maneira, a linguagem é

---

4 Fenômenos linguísticos são sociais no sentido de que toda vez que as pessoas falam ou ouvem ou escrevem ou leem, elas o fazem por modos que são determinados socialmente e que produzem efeitos sociais. Mesmo quando as pessoas são mais conscientes de sua própria individualidade e creem estar imunes às influências sociais – no seio da família, por exemplo – elas ainda utilizam a linguagem em circunstâncias que estão sujeitas a convenções. E as circunstâncias em que as pessoas fazem uso da linguagem em seus encontros mais íntimos e privados são não apenas socialmente determinadas pelas relações sociais da família, mas também produzem efeitos sociais no sentido de estarem ajudando a manter (ou, de fato, transformar) aquelas relações. (FAIRCLOUGH, 1989, p. 23 [tradução nossa]).

transformadora e os processos que entram em sua constituição são histórico-sociais. Sua natureza é a de um trabalho simbólico, cuja importância, dada a sua função referencial, é deslocada para que se priorize a ideologia e as práticas sociais, constitutivas do movimento dos sentidos.

Segundo Maingueneau (1997, p. 10), os analistas de discursos trouxeram uma contribuição às hermenêuticas contemporâneas a partir do momento em que estabeleceram que "um sentido oculto deve ser captado, o qual, sem uma técnica apropriada permanece inacessível".

Conforme apontado por Orlandi (2001), a impossibilidade de se ter acesso direto a esse sentido oculto criou a necessidade de construção de um dispositivo teórico que permitisse o acesso a não-transparência da linguagem, ou seja, um dispositivo que analisasse o processo discursivo de modo a encontrar vestígios da história e da memória.

O lugar dessa necessidade teórica é, então, ocupado pela AD que, de acordo com Orlandi (2001, p. 21), possibilita trabalhar "a opacidade do texto e ver nessa opacidade a presença do político, do simbólico, do ideológico, o próprio fato do funcionamento da linguagem: a inscrição da língua na história para que ela signifique".

Resultado da interação do homem com a realidade natural e social, a linguagem é lugar de conflito, de confronto ideológico, no qual a significação se apresenta em toda a sua complexidade.

Por seu trabalho simbólico, a linguagem é lugar de efeito de sentido entre os locutores, de sobreposição de relações de poder e de constituição de identidades.

A inserção do sujeito na linguagem é social, pois ele retoma um já-dito historicamente constituído para constituir o seu discurso.

Prova disto pode ser encontrada em exemplos de respostas dados pelos alunos participantes desta investigação à seguinte pergunta: Como você enxerga a instituição escolar atual?

Vejamos:

> [1] Enxergo a instituição escolar com seus mínimos problemas, *como naturalmente são muitas coisas na vida*. (1ºB-3)[5] [grifo nosso]
>
> [2] A instituição escolar foi de um extremo ao outro. Antes era uma ditadura, hoje é uma esbórnia. (1ºB-1)
>
> [3] Infelizmente, falida. *Na verdade*, a escola reflete a falência social. (4ºB-13) [grifo nosso]
>
> [4] Creio que não *se pode negar* que houve evolução no decorrer da história, porém há muito que melhorar no cumprimento de seu papel. (4ºB-18) [grifo nosso]

Recusamos a concepção de linguagem que a reduz a um instrumento de comunicação de significações. A linguagem é materialidade linguística e também histórica, isto porque "le langage n'est pás um instrument de comunicacion, c'est aussi un ordre symbolique ou lês représentations, lês valeurs et lês pratiques sociales trouvent leurs fondements" (SCHERER, 1994, p. 11)[6].

A inserção do sujeito na linguagem é social, pois ele retoma um já-dito historicamente constituído para constituir o seu discurso. Como afirma Pêcheux (1975)[7], as palavras dos sujeitos não são unicamente deles, elas significam pela história e pela língua, filiam-se a outros dizeres, a partir de um já-dito que sustenta esse dizer.

Esse saber discursivo (memória discursiva) retorna sob a forma de pré-construído, ou seja, ocorre o surgimento de elementos exteriores ao domínio do saber de uma formação discursiva, que corresponde no interdiscurso ao "sentido já-lá". Para Pêcheux

5 Os números ao final dos exemplos significam respectivamente ano e o número do questionário.

6 "a linguagem não é um instrumento de comunicação, é também uma ordem simbólica ou as representações, os valores e as práticas sociais localizadas em seus fundamentos." (SCHERER, 1994, p. 11 [tradução nossa]).

7 "Propomos chamar interdiscurso a esse 'todo complexo com dominante' das formações discursivas, esclarecendo que também ele é submetido à lei de desigualdade-contradição-subordinação que, caracteriza o complexo das formações ideológicas" (PÊCHEUX, 1975/1997, p. 162).

(1975, p. 171), o pré-construído "remete simultaneamente 'àquilo que todo mundo sabe'," isto é, "aos conteúdos de pensamento do 'sujeito universal' suporte da identificação e àquilo que todo mundo, em uma situação dada, pode ser e entender".

Exemplo desse retorno pode ser visto no dizer de alguns alunos a respeito da instituição escolar:

> [5] Creio que não se pode negar que houve evolução no decorrer da história da escola. (4ºB-18)
> [6] A instituição escolar atual está sofrendo de escolhas exacerbadas de outras épocas, mas ruma para um futuro promissor. (4ºB-6)
> [7] Enxergo as instituições escolares [...] perdidas em tantas discussões em prol de sua melhoria. Os valores familiares passaram a ser de sua responsabilidade, e isso não é certo. (3ºB-4)
> [8] Os meios de comunicação em massa fazem uma lavagem cerebral desde que nascemos apresentando valores deturpados que refletem no desinteresse dos alunos pela educação. (3ºB-16)

Observamos o pré-construído não apenas incorporado pelo sujeito, mas ressignificado. Os já-ditos são reatualizados no momento da enunciação, em função das práticas sociais em que o sujeito se encontra inserido.

No dizer dos alunos, a materialidade linguística atesta, pelo uso das expressões: "de outras épocas, os meios de comunicação, mudanças sociais, crise na sociedade, não se pode negar", que este é um saber determinado pela sociedade; é um saber que a sociedade determina, ou seja, é ela quem diz o que é certo e o que é errado. Desta forma, no dizer deles, a sociedade fixa os sentidos, que só podem ser os determinados por ela e não por outros.

Tal determinação pode ser observada nos exemplos a seguir:

[9] Pude perceber que a escola sofre as determinações da sociedade. (4ºB-26)
[10] A sociedade atual exige maior flexibilidade dos docentes sem que percam a capacidade de transmitir, adequadamente, os conhecimentos aos alunos. (4ºB-37)
[11] [...] uma instituição que, devido às mudanças sociais, políticas e econômicas do país, está perdida, tentando reencontrar seu rumo, sua missão. (4ºB-17)

Verificamos que nas formulações acima, o pré-construído corresponde ao "sempre-já-aí" da interpelação ideológica (PÊCHEUX, 1975, p. 162), ou seja, a reprodução de um sentido dado como universal. É pelo processo de interpelação ideológica, pela imposição de sentidos, que os alunos reproduzem um sentido de realidade como se esta fosse igual a todos e produzissem o mesmo efeito de sentido em todas as pessoas.

Segundo Foucault (1997, p. 12), "[...] cada sociedade tem seu regime de verdade, ou sua 'política geral' de verdade: isto é, os tipos de discursos que ela acolhe e faz funcionar como verdadeiros". Assim, de acordo com as formulações acima, o saber que constrói o referencial de instituição escolar para os futuros professores é aquele que diz que a instituição escolar está "falida", "perdida".

O discurso, assim como as práticas sociais, é profundamente imbricado com as relações históricas. Ele é constituído historicamente e reflete práticas sociais. Por consequência, ele é sempre expresso segundo as condições de produção que o determinam.

Na perspectiva da AD, a noção de história não está ligada à noção de tempo em si, mas às práticas "que praticam sentidos, que intervém no real" (ORLANDI, 1999). Para a autora, a prática é um trabalho simbólico de mediação necessária entre o homem e sua realidade social. Daí a noção de prática como uma "ação transformadora".

Nesta proposta de análise buscamos entender os discursos a partir de um olhar pautado pelo processo dialógico dos processos sócio-histórico-ideológicos implícitos nas práticas discursivas que permeiam o cotidiano dos alunos participantes desta investigação. A partir desses "olhares novos", pretendemos desvelar configurações de "velhos olhares".

1.4. Ideologia e produção dos sentidos

No campo discursivo, a noção de sujeito e de sentido estão atreladas à história e à ideologia. Ao estudar os discursos, está-se, também, estudando as práticas sociais exercidas através da linguagem, cuja concepção adotada para esta investigação vai ao encontro de outras concepções como as de sujeito, história, interdiscurso e ideologia – noções fundamentais para o estudo daquilo que é dito no contexto escolar.

Orlandi (1992) considera que todo discurso supõe um sistema significante e também uma relação deste sistema com a exterioridade. "Sem história não há sentido, ou seja, é a inserção da história na língua que faz com que ela signifique" (*op. cit.*, p. 52).

Todo dizer se expõe à possibilidade de outro significado; logo, sujeitos e sentidos são incompletos, estão sempre em transformação.

Pelo fato de a linguagem não ser transparente, a função do analista de discurso é a de "expor-se à opacidade do texto" (PÊCHEUX, 1997) para demonstrar o modo como um discurso produz sentidos e como a ideologia pode produzir uma "interpretação particular que apareceria como a interpretação necessária e que atribui sentidos fixos às palavras, em um contexto histórico dado" (ORLANDI, 1996a, p. 65).

As práticas sociais são transformadas pela história, que não se define pela cronologia, mas pela produção de sentidos. Como não há história sem discurso, entende-se que o discurso é uma prática.

Orlandi (2001) considera a linguagem como prática e afirma que a AD coloca a linguagem na relação com os modos de produção social. A autora enfatiza que "há, entre os diferentes modos de produção social, um modo específico que é o simbólico." E "Há práticas simbólicas significando (produzindo) o social. A materialidade do simbólico assim concebido é o discurso" (ORLANDI, 2001, p. 63).

A inscrição da língua na história e sua regência pela ideologia provocam efeitos, ou seja, deixam marcas dessa articulação no discurso para poder significar.

Deste modo, o discurso é definido pela AD como "efeito de sentidos entre locutores". Conforme esclarece Orlandi (1992, p. 20), compreender o que é efeito de sentido entre locutores "é compreender que o sentido não está (alocado) em lugar nenhum, mas se produz nas relações: dos sujeitos, dos sentidos [...] pela sua inscrição no jogo das múltiplas formações discursivas". Em outras palavras, o efeito de sentido entre locutores resulta da relação entre as formações discursivas[8]. É pela determinação histórica que surgem regularidades. A relação entre história e formação discursiva constitui o funcionamento discursivo. As práticas de linguagem adquirem sentido pela remissão do discurso à formação discursiva, que está delimitada pela sua relação com a formação ideológica. Sentidos e sujeitos se constituem ao mesmo tempo no interior de uma formação discursiva. Esta relação constitui a historicidade do sujeito e dos sentidos.

A determinação histórica dos processos de significação pode ser vista nos efeitos de sentido constituídos nas relações entre as diferentes formações discursivas e, portanto, entre as posições-sujeito como ocorre, por exemplo, no contexto escolar, no discurso da sala de aula e, por consequência, nos discursos dos alunos.

8 Com a finalidade de apreender o funcionamento da ideologia na constituição do discurso, Pêcheux (1975) define formação discursiva como um conjunto de regras que determina o que pode e deve ser dito a partir de certa posição assumida na vida social e que representa, no discurso, uma formação ideológica. Em outras palavras, o que pode e deve ser dito é delimitado pela sociedade.

[12] A escola é lugar de professores que fingem que ensinam e de alunos que fingem que aprendem. (1ºB-1)
[13] A escola é um local onde os jovens interagem e, ocasionalmente, aproveitam para aprender lições escolares. (1ºB-14)

Como pode ser visto, o efeito de sentido provocado por esses discursos é o de que na escola não se ensina nem se aprende nada. Os alunos falam de uma posição-sujeito pertencente à formação discursiva de um aluno que sofre as determinações da sociedade atual.

Nesse sentido, é preciso refletir a respeito da ideologia e de como ela interpela os indivíduos em sujeitos. Althusser (1998, p. 92) afirma que a função da ideologia é "antes de tudo prática, social e política", está relacionada às lutas de classe e à reprodução das condições de produção e de existência dos indivíduos nas instituições e na sociedade. Seu funcionamento se dá da seguinte forma:

A ideologia representa a relação imaginária de indivíduos em suas reais condições de existência;

Os indivíduos possuem representações de mundo que, em sua maioria, são imaginárias e, portanto, não correspondentes à realidade;

A ideologia tem uma existência material.

A ideologia possui uma natureza material, ou seja, ela existe sob diferentes modalidades, sempre em um aparelho e nas práticas desse. A essa existência material, Althusser dá o nome de "Aparelho Ideológico de Estado" (AIE)[9]

Para Althusser, as práticas realizadas nesses aparelhos são reguladas por rituais, consignados conforme cada AIE (escola, família, direito). O sujeito não consegue escapar da ideologia e das determinações históricas. Primeiramente porque só existe prática através e sob uma ideologia e, segundo, porque só existe ideologia através do sujeito e para sujeitos.

9 Por AIE o autor designa "um certo número de realidades que se apresentam ao observador imediato sob a forma de instituições distintas e especializadas" (1978, p. 43).

"O homem é por natureza um animal ideológico", insiste Althusser. Para ele, os sujeitos praticam ininterruptamente os rituais do reconhecimento ideológico, o que lhes garante que são efetivamente "sujeitos concretos" (*ibid.*, p. 97). A isto Althusser denominou "interpelação": a transformação do indivíduo em sujeito.

A interpelação funciona na reprodução das relações de produção. Cada sujeito é levado a ocupar um lugar social, resultando na reprodução contínua das relações de classe, das relações na instituição. Em vista disso, é um sujeito assujeitado a uma ordem superior, ideológica.

A Escola – mas também outras instituições de Estado como a Igreja ou outros aparelhos como o Exército – ensina 'saberes práticos' mas em moldes que asseguram a sujeição à ideologia dominante ou o manejo da 'prática' desta (ALTHUSSER, 1998, p. 22).

Exemplos desta ocupação de um lugar social e da reprodução das relações podem ser encontrados nas respostas dadas pelos alunos participantes à seguinte pergunta: Que papel você deverá desempenhar como profissional desta área?

> [14] Eu gostaria de ser lembrada pelo que ensinei e não pelo que fui. (3ºB-14)
> [15] O papel de educar e não só de ensinar, pois o professor deve atuar como educador, orientando e tendo uma visão mais ampla de seu aluno. (3ºB-2)
> [16] Devo ser um facilitador; um intermediário entre o aluno e o conhecimento. (4ºB-26)
> [17] Assumir o compromisso de retransmitir o meu conhecimento na área da melhor maneira possível. (4ºB-32)

Observamos, como proposto por Pêcheux ao fazer sua crítica a Althusser, que a reprodução não ocorre a partir da própria produção, mas fora dela, como ocorre no caso da instituição escolar.

Uma das funções da ideologia é manter os agentes de produção – no caso desta investigação, sujeito-aluno-futuro-professor em seus lugares nas relações sociais (PÊCHEUX e FUCHS, 1990). A esta interpelação do indivíduo em sujeito Pêcheux deu o nome de "assujeitamento".

Segundo o autor, o assujeitamento ocorre

> [...] de tal modo que cada um seja conduzido, sem se dar conta, e tendo a impressão de estar exercendo sua livre vontade, a ocupar o seu lugar em uma ou outra das duas classes antagonistas do modo de produção. (PÊCHEUX & FUCHS, 1990, p. 165).

O indivíduo é, então, interpelado em sujeito de seu discurso pelas formações discursivas, que representam, na linguagem, as formações ideológicas que lhes são correspondentes.

Uma noção importante elaborada por Pêcheux diz respeito à ilusão de unidade e de autonomia do sujeito sobre si próprio e sobre o seu dizer. Essa ilusão faz com que o sujeito se acredite completo e dono de seu dizer.

Assim, é a ideologia que se encarrega de oferecer ao sujeito a ilusão de controlar o discurso e o sentido, mascarando a pluralidade de posições ideológicas que estão presentes em qualquer enunciação e as relações históricas presentes em todo discurso.

Mas o que dizer da resistência? Pêcheux explica a resistência a partir da noção de contradição. Para o autor, a ideologia é marcada pela luta de classes e pela contradição.

De acordo com Pêcheux, pela contradição, a luta de classes torna-se "o motor da história"[10]. Dissimuladas pela ideologia, as

10 Quando não havia classes sociais, a principal contradição existente opunha os seres humanos à natureza. O trabalho social dos seres humanos, buscando os meios de subsistência, forçava-os a buscarem mecanismos de controle das forças da natureza. Gradativamente, este trabalho levou ao desenvolvimento das forças rodutivas (representadas centralmente pela força de trabalho), permitindo maior acesso aos meios de produção e à criação de um excedente na produção. A partir

relações de classe são apresentadas como se não houvesse conflitos e o sujeito fosse livre e tivesse igualdade de direitos. Sabe-se, no entanto, que é pela luta de classe que a contradição é materializada na ideologia, efeito fundamental à mudança histórica. Sendo a luta de classes o motor da história, a revolta torna-se contemporânea a ela, pois, "não há dominação sem resistência [...], que significa que é preciso 'ousar se revoltar' [...] é preciso 'ousar pensar por si mesmo'." (PÊCHEUX, 1997, p. 304).

O autor chama atenção para o fato de não haver assujeitamento perfeito, já que o ritual de assujeitamento possui falhas que apontam para um sujeito dividido, que se manifesta por atos falhos, através dos quais resiste. Concebendo os AIEs como contraditórios e plurais, em constantes relações de contradição, desigualdade e subordinação, os sujeitos são interpelados e produzidos como historicamente capazes de se voltarem contra as causas que os determinam. Esse processo permite gerar uma ruptura das identificações imaginárias em que o sujeito se encontra e resistir às normas impostas.

Vejamos as respostas à seguinte pergunta: O que você aprende está em sintonia com a realidade das escolas?

> [18] Não. Nas escolas temos que lecionar com programas feitos pelo governo, porém nunca tivemos uma aula de prática que demonstrasse como aplicar este tipo de material na sala de aula. Temos que tentar adivinhar como ensinar. (4ºB-2)

---

da dominação deste excedente pela classe que detinha a posse dos meios de produção, o processo de produção, isto é, o modo de produção e a formação social nele baseada passaram a ser dirigidos para atender as necessidades e vontades desta classe. Desta maneira, a contradição social principal passou a ser o conflito material dentro do modo de produção entre a classe exploradora e a classe explorada, e esta contradição no seio de cada formação social se tornou a "mola mestra" da história. Pela luta de classes, a ação humana adquire efeito e significado históricos, e esta é a grande lei do movimento da história. MARX, Karl. *FORMEN* – Formações *Econômicas Pré-Capitalistas*. Rio de Janeiro: Paz e Terra, 1975. Disponível em: http://www.pcb.org.br/classessociais.pdf. Acesso em: 6 jan. 2010.

> [19] A instituição escolar está tentando ser "jovem", mas tendo mentalidade "jurássica", ou seja, muitas têm até tecnologias em aparelhos sofisticados, mas é apenas disfarce para uma estrutura de ensino obsoleta. (4ºB-4)

As formulações acima demonstram um sujeito resistente à sua condição de existência, mas que, por acreditar ter o controle sobre o seu dizer, reproduz um discurso proveniente de diferentes grupos em conflito, cujo efeito o circunscreve nas práticas sociais atuais.

O sujeito falante efetua uma identificação com a formação discursiva que o domina e "esquece" que é interpelado em sujeito pela ideologia, que retoma significados já existentes e, assim, se reconhece como a origem de seu dizer. Por esse mecanismo, o sujeito "esquece" que ele é apenas a função de uma formação discursiva ou ideológica.

Observa-se, assim, que não é permitido ao sujeito "fugir" da ideologia. Ele não é neutro e nem livre das determinações históricas. Por mais que o sujeito, inscrito em uma formação discursiva específica e sob determinadas condições de produção, se oponha a um discurso inscrito em uma ideologia dominante, mesmo assim ele estará inscrevendo-se em uma formação ideológica, segundo certas determinações históricas.

É necessário que se tenha claro que a ideologia não é ocultação da realidade e sim uma prática significativa. Ela não é consciente – é efeito da relação do sujeito com a língua e com a história (ORLANDI, 1996a, p. 48).

Fundamental para a AD é a noção de que os processos discursivos constituem a fonte da produção dos efeitos de sentido no discurso e a língua é o lugar em que se realizam os efeitos de sentido.

Assim, na perspectiva da AD, o discurso estabelece uma relação com a exterioridade, ou seja, o discurso se relaciona com outros discursos, logo "é palavra em movimento" (ORLANDI, 1999, p. 15).

Pêcheux (1969) sugere que ao analisar um discurso é preciso referi-lo ao "conjunto de discursos possíveis", considerando-se as condições de produção.

Deste modo, o discurso é visto pela AD como um ponto de articulação entre os processos ideológicos e os fenômenos linguísticos, ou seja, a significação de um discurso está, constitutivamente, articulada às condições sócio-históricas desse discurso.

Em vista disso, considera-se importante que este estudo compreenda o funcionamento do discurso e a forma de sua circulação no contexto escolar e na sociedade.

1.5. Discurso: lugar de materialidade do simbólico

Para descrever o funcionamento discursivo faz-se necessário apreender suas regularidades e seu sistema de dispersão.

Para entender essa questão, buscamos apoio em Foucault (1997) para quem regularidade é ordem, correlação, posições, funcionamento e transformações que constituem os sistemas de saber. Segundo Courtine (1984), essas regularidades são rompidas pelas diversas posições que o sujeito pode ocupar no discurso.

Ao elaborar o conceito de formação discursiva Foucault afirma que o que caracteriza uma formação discursiva é a sua dispersão, já que é um conjunto de elementos submetidos a uma regra de formação. Essa regra é identificada como condições de existência.

Pêcheux, retomando Foucault, considera que as formações discursivas estão atreladas às ideologias. Desta forma, são as diferentes formações discursivas que determinam o que o sujeito, em sua conjuntura específica, pode, ou não, dizer e, também, os lugares sociais que pode, ou não, ocupar. Assim, não é permitido ao sujeito ocupar qualquer lugar no discurso, pois esse lugar é determinado pela formação ideológica dominante que, a partir do jogo ideológico, determina quem pode ou deve ocupar esta ou aquela posição-sujeito no discurso.

A noção de posição-sujeito proposta por Pêcheux (1997) diz respeito aos papéis imaginários que o sujeito atribui a si e ao outro, no discurso, em relação a uma formação discursiva que o determina, a partir de uma formação ideológica específica. Esses papéis correspondem aos lugares sociais – espaços de representações sociais, afirma Pêcheux – que o sujeito pode ocupar no momento da enunciação e que lhe conferem autoridade para pronunciar determinados dizeres e não outros.

Pêcheux & Fuchs (1990) chamam atenção para a questão do lugar social ocupado pelo sujeito. Não se trata do espaço físico, mas de um lugar que se representa, no funcionamento discursivo, por meio de uma série de formações imaginárias indicativas do papel que os sujeitos atribuem a si e ao outro.

Há mecanismos de funcionamento do discurso. Esses mecanismos são chamados de formações imaginárias, segundo as quais o que funciona em um discurso são as imagens que resultam de projeções. As projeções permitem passar de uma situação empírica para as posições do sujeito no discurso.

As posições-sujeito estão diretamente relacionadas aos sentidos historicamente estabelecidos nas diferentes instituições e que fazem parte das condições de produção do discurso.

Parte integrante do processo histórico-social de construção de seus discursos, ao discorrerem sobre seus futuros alunos, os alunos participantes desta investigação o fazem da posição-sujeito de professor. Em seus discursos pode-se observar o contexto histórico de produção desse dizer: Partimos do seguinte questionamento: Como você enxerga o seu futuro aluno?

> [20] Carente, seja econômica, seja psicológica, seja socialmente. Estamos em uma sociedade que propicia uma pobreza muito maior que a pobreza somente material – e cuja solução, ou 'remediação', ainda não se conseguiu vislumbrar. (4ºB-17)
>
> [21] Meu aluno é uma pessoa despreparada para o mundo educacional e muito mais para a vida pessoal.(4ºB-27)

[22] Vou precisar de muito mais garra para conquistar alunos que acham a tecnologia americana mais importante do que saber ler e entender. (1ºB-4)
[23] Eu, antes de mais nada, acho que todos devem saber que tem um caminho árduo e nem sempre feliz pela frente, mas que tem suas recompensas. (1ºB-12)

De acordo com Orlandi (1999, p. 40), "são as posições do sujeito que significam no discurso e elas significam em relação ao contexto sócio-histórico e à memória".

Dessa maneira, as condições de produção são as condições que regem um dizer, as quais integram memória, situação e sujeitos: os interlocutores, o lugar de onde falam (que ocupam na sociedade enquanto espaços de representação social), a imagem que fazem de si e do outro e do referente.

1.6. Condições de produção

De acordo com a perspectiva da AD, os discursos estão articulados às suas condições de produção, já que concebe a língua no processo histórico-social e coloca o sujeito e o sentido como partes desse processo.

De acordo com Pêcheux (1969, p. 79), é impossível analisar um discurso como um texto, ou seja, enquanto uma superfície linguística fechada em si mesma. Para o autor, é preciso referir o discurso "ao conjunto de discursos possíveis a partir de um estado definido das condições de produção". O que Pêcheux afirma é que não é possível analisar as palavras fora do contexto. É preciso recuperar o efeito que as palavras produzem dentro da historicidade.

Trata-se, então, de considerar o contexto histórico-social, ou seja, trata-se de levar em conta a ideologia e a historicidade do sentido.

De acordo com Grigoletto,

> Para a AD, as condições de produção, que regem cada situação de enunciação, são responsáveis pelo(s) sentido(s) construído(s) para um discurso, uma vez que o inserem em um espaço histórico-social e inescapavelmente ideológico, em que se encontra também o sujeito. (GRIGOLETTO, 1995, p. 105).

Assim, a AD considera as condições de produção em dois sentidos: no sentido estrito enquanto situação de enunciação. No sentido amplo enquanto contexto sócio-histórico-ideológico em que está inserida a enunciação.

Courtine (1999) esclarece que só é possível pensar o assujeitamento do sujeito falante na ordem do discurso pela dissociação e articulação desses dois níveis. A enunciação remete o sujeito a uma situação dada, que implica coerções institucionais. Já o enunciado aponta para o interdiscurso, através de uma série de formulações que marcam enunciações distintas e dispersas, constituindo a exterioridade do "enunciável".

Orlandi (2001) considera a linguagem como prática e afirma que a AD coloca a linguagem na relação com os modos de produção social. A autora enfatiza que "há, entre os diferentes modos de produção social, um modo específico que é o simbólico. Há práticas simbólicas significando (produzindo) o social. A materialidade do simbólico assim concebido é o discurso" (ORLANDI, 2001, p. 63).

A inscrição da língua na história e sua regência pela ideologia provocam efeitos, ou seja, deixam marcas dessa articulação no discurso para poder significar.

Deste modo, o discurso é definido pela AD como "efeito de sentidos entre locutores". Conforme esclarece Orlandi (1992, p. 20), compreender o que é efeito de sentido entre locutores "é compreender que o sentido não está (alocado) em lugar nenhum, mas se produz nas relações: dos sujeitos, dos sentidos [...] pela sua inscrição no jogo das múltiplas formações discursivas" (ORLANDI, 1992, p. 20). Em outras palavras, o efeito de sentido entre locutores resulta da relação entre as formações discursivas.

Diferentes formações discursivas se sustentam e se materializam histórica e ideologicamente mantendo entre si relações de determinação dissimétricas, como afirma Pêcheux (1997). Por não haver delimitação rígida de suas fronteiras, as formações discursivas estão constantemente sendo invadidas por outras, sob a forma de pré-construídos.

As formações discursivas são unidades heterogêneas cujas fronteiras se deslocam em função dos confrontos político-sociais. Cada formação discursiva se define, então, pela relação que estabelece com outras, em sua articulação com a ideologia. Desta forma, uma formação discursiva é determinada pelo seu exterior, pelo interdiscurso.

1.7. Interdiscurso

Para a AD, os discursos têm suas determinações históricas e trazem em si uma memória, ou seja, os dizeres filiam-se a outros sentidos. Esses não estão só nas palavras. Eles também mantêm uma relação com a exterioridade, com as suas condições de produção. O sujeito quando fala retoma sentidos que afetam o modo como ele significa em uma determinada situação discursiva. Suas palavras se ligam a uma memória do dizer, a um saber discursivo, o qual Pêcheux (1975)[11] denominou de interdiscurso.

Para ele, interdiscurso tem a ver com o "todo complexo com dominante", ou seja, o interdiscurso remete à memória

11 "Propomos chamar interdiscurso a esse 'todo complexo com dominante' das formações discursivas, esclarecendo que também ele é submetido à lei de desigualdade-contradição-subordinação que caracteriza o complexo das formações ideológicas" (Pêcheux, 1975/1997, p. 162).

discursiva e ideológica que se encontra presente no momento da construção de um discurso e evidencia as contradições existentes nas formações sociais.

O interdiscurso diz respeito a um processo de incorporação constante de algo que já foi dito antes, em outro lugar, em outros momentos históricos, mas que tem um efeito sobre o dizer do sujeito. As palavras dos sujeitos não são unicamente deles, elas significam pela história e pela língua, filiam-se a outros dizeres, a partir de um já-dito que sustenta esse dizer (ORLANDI, 1990). É no interdiscurso que se define o universo do dizível.

Esse saber discursivo (memória discursiva) retorna sob a forma de pré-construído, momento em que ocorre o surgimento de elementos exteriores ao domínio do saber de uma formação discursiva, que corresponde no interdiscurso ao "sentido já-lá". Para Pêcheux (1975, p. 171), o pré-construído "remete simultaneamente 'àquilo que todo mundo sabe'," isto é, "aos conteúdos de pensamento do 'sujeito universal' suporte da identificação e àquilo que todo mundo, em uma situação dada, pode ser e entender".

O sujeito, ao tomar sua posição, também se situa sob a determinação do interdiscurso. No entanto, a tomada de posição do sujeito não é um ato originário dele, e sim, de sua identificação a uma formação discursiva dominante, a qual especifica qual o limite do dizer para esse sujeito em suas distintas posições.

Pela própria definição de sujeito formulada pela AD, o sujeito não tem controle sobre o seu dizer, sobre o modo como os sentidos o constituem. Desta maneira, o interdiscurso é da ordem do esquecimento, ou seja, o sujeito "esquece" que há um já-dito que o constitui e tem a ilusão de que suas palavras são só suas, que é fonte exclusiva de seu dizer, sem perceber que retoma palavras do outro.

Embora o interdiscurso não esteja explícito na superfície linguística, ele deixa marcas, se materializa, no intradiscurso[12] por

12 O Intradiscurso é o fio discursivo que atualiza a relação do sujeito com o interdiscurso, materializando-a em uma sequência linguística.

ocasião da enunciação. Há a inscrição de uma série de traços da memória interdiscursiva no fio intradiscursivo (PÊCHEUX, 1990).

A diferença entre interdiscurso e intradiscurso é abordada por Courtine (1984). De acordo com sua explicação, interdiscurso está no nível da constituição, representado como um eixo vertical onde estariam todos os dizeres já ditos e esquecidos, em uma estratificação de enunciados que, em seu conjunto, representam o dizível. Por intradiscurso o autor entende o eixo horizontal, da formulação – aquilo que se diz em um determinado momento, em condições específicas. Assim, a constituição determina a formulação. A possibilidade de formular está em se ter acesso ao dizível, à memória, ao já-dito.

O interdiscurso se apresenta, então, como "séries de formulações que derivam de enunciações distintas e dispersas que firmam em seu conjunto o domínio da memória (do saber discursivo)" (ORLANDI, 1998b, p. 12).

A noção de interdiscurso se liga, então, à memória discursiva e à formulação. Por memória entende-se todo o dizer já dito e esquecido e por formulação aquilo que estamos dizendo em um momento dado, em condições dadas. Isto significa que aquilo que o sujeito diz é regulado pelo interdiscurso. Deste modo, o interdiscurso diz respeito a uma "série de formulações feitas e já esquecidas que determinam o que dizemos" (ORLANDI, 1999, p. 33).

A retomada de sentidos anteriores não significa, entretanto, que nada de novo seja produzido pelo sujeito. Quanto a isso, Grigoletto esclarece que

> [...] interdiscurso deve ser entendido como saber discursivo, memória do dizer, que é sempre mobilizado pelo sujeito na sua produção discursiva, embora de forma inconsciente. O que é dito só pode ser dito quando se insere na dimensão do repetível, do histórico, daquilo que já foi dito. Isso não quer dizer que o dito não traga nada de

> novo, não desloque sentidos; o novo, os deslocamentos ocorrem sempre na relação com o já dito, e, portanto, formulável. (GRIGOLETTO, 1999, p. 87).

O nível de constituição determina o nível da formulação. Para formular o sujeito tem que se colocar no universo do dizível, havendo identificação ou contraidentifição com ele. Trata-se, então, de uma possibilidade do sujeito intervir no repetível, no interdiscurso.

Essa intervenção pode ser tanto no sentido da concordância com o dizível quanto no sentido da resistência. Orlandi (1988a, p. 64) esclarece que "o repetível preexiste à situação de enunciação e o sujeito desta, ao produzir a linguagem, se apodera dele e intervém no repetível".

Ao interferir no repetível e, com isso, silenciar outros sentidos[13], o sujeito pode estar exercendo um gesto de resistência ou um gesto de sujeição ao instituído.

Todo discurso mantém uma relação fundamental com o não-dizer. Porém, quando o sujeito rompe o silêncio (o não-dizer), não o está excluindo, mas apenas fazendo escolhas, pois todo o silêncio é constitutivo de todo processo de significação, ele "não fala, ele significa" (ORLANDI, 1992, p. 44).

A determinação de que sentidos podem e devem ser silenciados se dá conforme a ordem do discurso da instituição na qual o sujeito está inserido. São as regras, os contratos estabelecidos em uma determinada instituição que irão definir os sentidos a serem silenciados.

Considerem-se algumas escolhas feitas pelos alunos, alunos do quarto ano, ao responderem a seguinte questão: Que papel você deverá desempenhar como profissional desta área [Letras]?

---

13 "Silenciamos sentidos e elegemos outros, porém os sentidos silenciados estão ali colaborando na constituição da significação do enunciado. O ato de falar, por sua vez, disciplina o significar: no silêncio, ao contrário, sentido e sujeito se movem largamente" (ORLANDI, 1992, p. 44).

[24] Devo ser um profissional capacitado e empenhado a dar o meu melhor. (4ºB)
[25] Participar ativamente no desenvolvimento humanístico do aluno, proporcionando, com objetividade, uma inserção sem dificuldades na sociedade. (4ºB-37)
[26] e formar cidadãos pensantes. (4ºB-15)
[27] O verdadeiro papel do educador! Ensinar de forma diversificada, observando o que desperta a atenção dos alunos para assim prosseguir. (4ºB-11)
[28] Meu papel será o de passar conhecimento e contribuir para o crescimento intelectual do aluno. (4ºB-34)
[29] Eu deverei ser um professor atento e aberto a críticas, para desenvolver o meu trabalho com competência e dedicação. (4ºB-33)
[30] Devo ser facilitador; um intermediário entre o aluno e o conhecimento. (4ºB-26)

Parece-nos não haver dúvidas quanto à retomada de sentidos provenientes do discurso pedagógico, assim como do contrato didático. A materialidade linguística atesta a ligação desse discurso com os outros discursos que tratam do papel do professor, com a ideologia dominante, demonstrando, de forma clara, a tomada de posição desses sujeitos. Eles falam da posição-sujeito de quem está prestes a entrar no mundo maravilhoso que é a sala de aula – discurso este, aliás, próprio da Educação.

Silencia, no entanto, as ligações com outros dizeres relacionados às dificuldades de um professor no tratamento com alunos de diferentes níveis econômicos e culturais, etc.

Na formulação a seguir – respostas dadas à mesma pergunta anterior – temos um exemplo de aparente resistência, mas que, ao resistir ao discurso, o reforça ainda mais.

[31] Eu preciso não repetir os erros que observo. (4ºB-25)
[32] Nenhum. (4ºB-7)

[33] Não acredito que o profissional faça papel de construtor sobre um terreno vazio ou de babá. (3ºB-6)

Diante das formulações citadas, consideramos que as escolhas realizadas por esses sujeitos, os sentidos que trouxeram à tona e os sentidos deixados em silêncio constituem sentidos no contrato didático. Na relação com o "múltiplo" houve a necessidade da escolha por "um" – o que atesta, mais uma vez, o efeito ideológico presente no imaginário discursivo. O sujeito retoma sentidos provenientes do discurso pedagógico, do discurso de sala de aula, dos discursos que regem a instituição e as diferentes posições-sujeitos assumidas no contrato didático.

As palavras do sujeito são também, e inevitavelmente, as palavras dos outros. Embora disperso, o sujeito tem a ilusão de sua unidade e da unidade de seu discurso.

Fundamental para a AD é a noção de que os processos discursivos constituem a fonte da produção dos efeitos de sentido no discurso e a língua é o lugar em que se realizam os efeitos de sentido.

Assim, na perspectiva da AD, o discurso estabelece uma relação com a exterioridade, ou seja, o discurso se relaciona com outros discursos, logo "é palavra em movimento" (ORLANDI, 1999, p. 15).

Pêcheux (1990) sugere que ao analisar um discurso é preciso referi-lo ao "conjunto de discursos possíveis", considerando-se as condições de produção.

As formulações dos alunos ilustram a noção de discurso como ponto de articulação entre os processos ideológicos e os fenômenos linguísticos, ou seja, a significação de um discurso está, constitutivamente, articulada às condições sócio-históricas desse discurso.

Pensar a linguagem como reflexo é bem diferente de pensar a linguagem como constitutiva. Pensar que o homem é constituído também pelos discursos que circulam nessa sociedade também faz muita diferença, pois estamos inseridos em vários setores. Nesse sentido é fundamental se pensar o homem constituído pelo discurso e não como um utilizador da linguagem. As coisas não estão separadas, com sentidos separados, da forma como os discursos nos fazem crer. O que se fala sobre as coisas é constitutivo dessas coisas (PECHÊUX, 1975).

2 O discurso pedagógico

A chamada pós-modernidade trouxe consigo inúmeras transformações sociais, algumas delas merecedoras de investigação por parte de estudiosos da área da Educação, especialmente no que se refere à formação de professores, tais como Usher & Edwards (1994), Silva (1993/1999) e Giroux (1988).

Assim, o objetivo do presente capítulo é investigar e analisar o funcionamento discursivo do discurso didático-pedagógico da formação de professores à luz da Análise de Discurso de orientação francesa e de conceitos de Foucault (1969, 1971, 1975, 1979). Para tanto, examinamos a materialidade linguística das respostas dadas ao questionário (ver Anexo) preenchido pelos participantes desta investigação, alunos do Curso de Letras.

O estudo demonstra que conceitos como: descentramento, fragmentação, ambivalência e contingência permeiam o funcionamento discursivo. Apresenta, ainda, aspectos que podem ser valorizados, a fim de provocarem deslocamentos de sentidos no plano de formação profissional, como a presença do discurso científico na atuação do professor.

2.1. O discurso da ciência no discurso pedagógico

Para iniciar esta seção, que trata da representação da instituição escolar como discurso, consideramos importante introduzir a questão da Educação do ponto de vista da pós-modernidade. Entendendo a Educação, materializada no contexto escolar, aparentemente, como uma orientação de sujeitos por um caminho seguro e definido, parece-nos possível visualizar aqui certo paradoxo. A ideia pós-moderna não condiz com tal imagem, por sua natureza fragmentada e contrária a tudo o que for pré-estabelecido.

O reconhecimento desta orientação pode ser exemplificado com os relatos a seguir. Os grifos são nossos.

> [34] O objetivo maior de um professor é *passar adiante uma parte de sua bagagem de ciência*, formar cidadãos conscientes e, assim, contribuir para a evolução da sociedade. O curso, além de me preparar quanto ao conteúdo que *deverei ministrar*, tem me preparado para os problemas que *enfrentarei em sala de aula*. (4ºB-18)
>
> [35] O objetivo é *transmitir* aos alunos todo o *conhecimento* possível.(4ºB-9)
>
> [36] Além de nos ensinar *sobre o que faremos e como faremos*, também nos mostra a realidade das escolas, seus pontos positivos e negativos. (4ºB-31)
>
> [37] Educar, no sentido de orientar cientificamente e humanamente o seu aluno. (4ºB-4)

Por opção teórica e por entender que das representações constantes nos relatórios pesquisados poderemos problematizar conceitos como identidade, subjetividade, significação, poder e discurso, a corrente pós-crítica foi a adotada para estabelecer a ligação entre as duas áreas de estudo, inicialmente propostas: discurso e formação de professores. A razão para tal escolha está no fato de estar na corrente pós-crítica a possibilidade de encontrarmos pontos de adesão entre essas áreas, uma vez que são compatíveis com os pressupostos da Análise do Discurso. Uma breve discussão sobre as mudanças nos paradigmas da Educação e a pós-modernidade oferece subsídios interessantes para o entendimento do papel da instituição escolar como formadora de identidades.

Diferentemente da modernidade, com a pós-modernidade (LYOTARD, 1989), determinados conceitos e fundamentos, tais como: o descentramento e a desestabilização das "verdades", a flexibilidade, a ambivalência, a contingência, etc., ganham maior evidência.

Segundo Lyotard (1989), o que está no centro da mudança histórica e cultural que originou o pós-modernismo é uma reformulação na natureza do saber. O autor questiona o tradicional domínio do saber ao afirmar o fim das metanarrativas, tidas como sólidos modelos explicativos que descreviam a emancipação do homem através do progresso científico.

Edwards e Usher (1994) acenam para três questões principais que explicariam as dificuldades de se tratar Educação e pós-modernismo. Segundo eles, primeiramente, o pós-modernismo visa ao questionamento da noção de explicação sistemática. Em segundo lugar, não é um movimento unificado e refere-se a uma crítica ao modernismo. Terceiro, a Educação seria resistente à mensagem pós-moderna, já que é estruturada na modernidade, no sujeito racional, capaz de exercer a agência individual.

Partindo da fala de Edwards e Usher poder-se-ia dizer, então, que o pós-modernismo representa um período de crise traduzido pelo declínio dos alicerces da modernidade, ou seja, a fé na razão e na ciência.

Autores como Stronach e MacLure (1997) defendem que a reflexibilidade seria, então, uma estratégia alternativa que proporcionaria um discurso defensor da legitimidade de outro saber, o saber narrativo, que está ligado ao indivíduo e à sua experiência de vida.

Adepto dessa visão, Lyotard (1989) procura legitimar o saber narrativo em oposição ao saber científico, definindo o primeiro como a ação discursiva do indivíduo, que surge no contexto de sua experiência e que com ele forma uma unidade, e o segundo, o conhecimento científico, como um saber exterior e distante do sujeito.

Como pode ser visto, a atitude pós-modernidade não acredita na concepção de verdade absoluta, pautada por padrões racionais, nem "em uma ciência que tenha o poder de revelar essa verdade ou que seja capaz de elevar o sujeito" (MACEDO, 2005).

Na modernidade, a colocação do discurso dominante da ciência acima de qualquer contexto social ocorre por acreditar-se que isso garante o caráter objetivo da ciência e lhe confere uma confiabilidade inquestionável, segundo Usher e Edwards (1994, p. 33). Como uma estrutura transcendental, a ciência estaria, então, construída idealmente sobre os modelos racionais universalmente aplicáveis, funcionando segundo certo número de modelos e esquemas independentes de toda e qualquer subjetividade.

O objetivo da ciência seria estudar e buscar a verdade sobre o universo. Nesse discurso de busca das "grandes verdades" só há lugar para o objeto a ser desvendado através de métodos refinados.

Esse discurso tem seus alicerces firmados na crença em um sujeito centrado, cartesiano que,

> [...] pelo uso efetivo da razão, permite que o objeto fale, se apresente, se declare, enfim, se dê a conhecer, sem a interferência de paixões, de interesses, de desejos que, sabemos hoje a partir de Freud, constituem a cerne mesmo da subjetividade. (CORACINI, 2003, p. 320).

A autora argumenta que há um silenciamento que impõe o objeto ao pesquisador, ou seja, o objeto se dá a conhecer pela prática de métodos inquestionáveis. Esse mesmo silenciamento é imposto ao professor pelo saber científico, por meio de pesquisas reconhecidamente científicas. O professor, por sua vez, curva-se diante das descobertas, cujo processo de produção não lhe é acessível. O professor acredita-se, então, ser um intermediário neutro entre o saber exterior à sala de aula e o aluno que, ou se curva ou resiste como depositário dessas verdades.

Exemplo de tal aceitação ou refutação pode ser encontrado nos relatos a seguir:

> [38] [...] o conhecimento adquirido em sala de aula será aplicado no momento de dar aulas. (3ºB-17)
>
> [39] Mestre é quem deve saber que é ele quem conduz. (3ºB-13)
>
> [40] Como um propiciador de desenvolvimento. Ao contrário de outras discussões, não acredito que o profissional faça papel de construtor sobre um terreno vazio. (3ºB-6)

Perguntado sobre o papel que deverá desempenhar como profissional de sua área, o aluno respondeu:

> [41] Eu preciso não repetir os erros que observo. (4ºB-25)
>
> [42] Deverei saber muito e tentar aprender cada vez mais sobre os conteúdos que terei de ensinar e sobre tudo o que está vinculado à minha área. [...] O bom educador é aquele professor que consegue tornar o conteúdo que ensina útil na vida do aluno através da maneira e paixão com que ensina. (3ºB-10)
>
> [43] Descobrir quais as defasagens dos alunos e quais os conhecimentos que podem ser aprimorados e trabalhá-los. (1ºB-17)
>
> [44] Escolhi este curso por me identificar com idiomas, literatura e língua portuguesa. Futuramente desejo passar meus conhecimentos aos alunos. (1ºB-18)

Constituem evidência da representação do saber científico como imparcial, neutro e objetivo, a grande recorrência, no dizer do futuro professor, de enunciados assertivos, que se manifestam como definições nas quais predomina o uso de verbos na terceira pessoa, no presente do indicativo, ou no infinitivo, como marca de impessoalidade (é, prepara, transmite, conhece), como segue:.

> [45] O objetivo maior de um professor é ajudar o aluno, futuro cidadão a se inserir de modo tranquilo e eficaz, na sociedade. Adequar este aluno aos parâmetros exigidos pela sociedade, fornecer instrução. (4ºB-37)
> [46] O bom educador é aquele que conhece a fundo o que ensina e transmite esse conhecimento de maneira eficaz, prática e interessante ao aluno sempre focando na inserção social do aluno e seu bem-estar. (idem)
> [47] Educador é aquele que se preocupa e que dá instrumentos para que o aluno possa crescer. Ele não é um "transmissor de conhecimentos". (4ºB-25)

Observamos, no exemplo acima, pela negação ("Ele não é um transmissor de conhecimentos"), a perspectiva do enunciador (futuro professor): afinal o futuro professor defende o ponto de vista do professor que faz seu aluno crescer por outros meios – métodos que não o da transmissão de conhecimento. Entretanto, a denegação aponta para o avesso do que é dito: o educador é um transmissor de conhecimento, voz que o enunciador (futuro professor) precisa refutar para penetrar em certo discurso, que se quer hegemônico, da atual pedagogia, segundo Coracini (2003). Assim, apesar da tendência à isenção, à impessoalidade que se percebe pelo uso frequente de asserções, a perspectiva do sujeito enunciador emerge. A presença do advérbio – inserido no enunciado assertivo – que modaliza o enunciado e o torna ainda mais irrefutável, como, por exemplo, *sempre*, é mais um prova constitutiva disso.

Frequente também é o uso de modais: devo, deve, tem que, pode. Segundo Coracini (*op.cit.*), o uso desses verbos camufla o tom autoritário subjacente, apresentando o que é dito como uma necessidade natural, intrínseca à realidade de que se fala. Vejamos:

> [48] Como profissional desta área devo capacitar o indivíduo a ter opiniões próprias e capacitá-lo para interpretações, ampliando seus conhecimentos. (4ºB-3)
> [49] Acredito que posso mudar a realidade deles. (4ºB-34)
> [50] É claro que na faculdade temos que nos esforçar mais, pois a dificuldade aumenta. Acredito que os que levam a sério conseguem atingir suas expectativas. (1ºB-15)
> [51] Os professores devem ter um bom ensino para poderem ensinar seus alunos com boa qualidade. (1ºB-13)

Ressaltamos, ainda, que, no discurso dos futuros professores, poucos são os enunciados que expressam dúvida, incerteza ou possibilidade. Isto porque tais enunciados deixariam aberta a possibilidade de novas investigações que eventualmente poderiam alterar a verdade do que é dito. Sabe-se que o discurso pedagógico tem suas bases no que afirmam as autoridades de reconhecido saber. Assim, a ausência de sentidos quanto à transitoriedade do conhecimento provoca, como efeito de sentido, a crença no inquestionável, no imutável; a crença no poder do professor de contribuir para a segurança de seu aluno.

Se, por um lado, o discurso pedagógico veicula a visão moderna de ciência, concebendo o conhecimento externo ao sujeito, por outro lado, afasta-se do discurso científico em função da representação de aluno que habita o imaginário dos professores. Este processo leva os alunos a banalizarem, a simplificarem conceitos complexos. Leva-os, também, a homogeneizarem o que é constitutivamente heterogêneo.

Ao serem perguntados sobre a representação que fazem de seu futuro aluno, podemos observar alguns relatos que confirmam o exposto anteriormente:

> [52] Há dois tipos de alunos: um que se importa com os estudos e outro que não. Infelizmente a maioria não se importa. Por isso terão muitas dificuldades no futuro. (4ºB-31)

> [53] Aberto a viver, aprender, descobrir. Curioso, capaz e que precisa ser motivado. (4ºB-9)
> [54] Como um vaso que necessita ser moldado. (1ºB-16)
> [55] Como alguém que vai precisar da minha dedicação para aprender o que estiver ao meu alcance oferecer. (1ºB-10)
> [56] Como uma oportunidade de educá-lo da melhor maneira que eu puder. Não só de "passar" o conteúdo, mas de ajudá-lo a ser um cidadão consciente, sociável e pesquisador crítico. (3ºB-2)

Verificamos nos relatos analisados a inserção do discurso dos alunos no projeto da modernidade – na modalidade do discurso científico. Por meio desses relatos podemos observar, no futuro professor, o desejo de controle; um sujeito investido de poder que crê que o que aprende, o que vai ensinar e o que diz correspondem ao conhecimento científico; um sujeito crente na transparência da linguagem. De acordo com os pressupostos teóricos da AD, esse sujeito futuro-professor se esquece de que é ele quem interpreta o que lhe ensinam, de que não há nada fora dele. O que se vê são sujeitos que "falam" como se só houvesse a sua verdade e como se o que dizem fosse conclusivo, sem espaço para dúvidas, para a resistência, para o conflito – partes constitutivas da subjetividade.

Nessa perspectiva, o sujeito não é mais centrado e único, mas sim fragmentado e múltiplo. Uma perspectiva pós-moderna sugere, então, que não se deva estabelecer significados institucionalizados como os únicos possíveis.

Vale lembrar os dois pressupostos básicos que permeiam este estudo e que deram início a esta investigação: primeiro, o de que no contexto escolar professores e alunos se constituem na heterogeneidade, isto é, resultam de uma pluralidade de vozes que se cruzam, provocando conflitos e contradições. O segundo, o de que não há sujeito sem discurso.

Os discursos circulam nas instituições e para refletir sobre o discurso que circula na instituição escolar, Orlandi (1996b) menciona que a instituição se constitui por regulamentos e atua pelo seu prestígio de legitimidade e pelo seu discurso pedagógico. No entender da autora, o discurso pedagógico tem como característica principal o fato de ser mediado pelo dever e essa mediação é preenchida pela ideologia. Sendo assim, não há neutralidade. "O discurso pedagógico se dissimula como transmissor de informação, e faz isso caracterizando essa informação sob a rubrica da cientificidade" (*op. cit.*, p. 29), vista como um saber socialmente respaldado. Dois aspectos são responsáveis por esta ocorrência: a metalinguagem e a apropriação do discurso do cientista feita pelo professor que, assim, promove a circulação dos saberes.

O que foi demonstrado nesta seção nos leva a considerar que não se pode falar do sujeito futuro-professor sem mencionar sua tendência à objetividade, cujas origens estão no caráter científico do discurso pedagógico e do desejo, conforme relatado, de transmitir conhecimentos provenientes das novas descobertas. É preciso, no entanto, deixar claro que as informações que ele fornecerá aos seus futuros alunos já são resultantes de sua interpretação, em consonância com as condições de produção diferentes das condições de produção do discurso científico.

Das condições de produção do dizer do professor fazem parte as imagens do que significa ser professor, do que significa ser aluno em um contexto social, político e econômico como o do Brasil, imagem do que vem a ser uma instituição escolar e, dentre outras, as imagens do que vem a ser aprender e ensinar. Todas essas imagens constituem o dizer do sujeito. Diante disso, pode-se concluir que todos somos sujeitos afetados pelo olhar do outro e pelas ideologias – o que também acontece com os sujeitos futuros-professores.

Retomando Lyotard (1989), não se pode confundir saber com conhecimento, muito menos com conhecimento científico. Para o autor, o saber vai para além da sua significação denotativa, manifestando-se no saber-fazer, saber-ser, saber-viver e saber-escutar.

A sociedade pós-moderna encoraja e valoriza a individualidade tanto nas relações interpessoais como nas tarefas da vida profissional. O indivíduo pós-moderno, como o é o aluno futuro-professor pesquisado, quer ser criativo, ser capaz de refletir sobre sua prática profissional, melhorá-la, para aceitar as mudanças de sua época. Mas os desafios são muitos, como atestam as formulações a seguir:

> [57] Acreditar que é possível mudar a situação precária na educação. E posso começar com os meus alunos, acreditando neles. (3ºB-14)
> [58] A "apropriação" do discurso sobre Ensino por grupos ideológicos, a meu ver, é nefasta. Deve-se buscar um meio termo, priorizando o indivíduo (o aluno), independente de condição social, sem porém alienação.(4ºB-17)
> [59] Quando vemos nossos mestres apaixonados pelo que fazem, isso acaba nos contagiando, o que faz com que se formem professores compromissados. (3ºB-4)
> [60] [Como professor eu quero] identificar as dificuldades dos alunos. Elaborar novos métodos para a diminuição da repetência. (3ºB-17)
> [61] [Formamos professores compromissados] mostrando a realidade destes, e mostrando o melhor método para lidar com as diversas situações que teremos de enfrentar. (3ºB-15)
> [62] O compromisso consigo é o primeiro passo. O segundo passo é motivar os professores a serem agentes de modificação. (4ºB-14)
> [63] O professor deve ter consciência de qual é o seu papel em sala de aula e deve, também, sempre estar disposto a aprender, para oferecer um ensino com mais qualidade. (3B-1)

Podemos observar que são muitos os efeitos de sentido produzidos pelas formulações acima; alguns de concordância com o discurso dominante e outros de resistência. No entanto, todos acenam para a vontade de vencer os desafios profissionais que os esperam. O que os alunos ainda não perceberam é que as condições de produção é que determinam a estabilidade e a consistência dos sujeitos. A materialidade linguística demonstra sujeitos com capacidade de reconstrução através da experiência e da vivência.

O enunciado – *Quando vemos nossos mestres apaixonados pelo que fazem, isso acaba nos contagiando* – atesta a valorização que é atribuída à vivência como modeladora das características desse sujeito.

Essas formulações problematizam questões bem complexas, como a da pressão e das expectativas que se abatem sobre esses sujeitos. Apontam para a necessidade de desenvolverem competências no sentido de conhecer o "outro", deixarem-se orientar pelo "outro" e, ao mesmo tempo, serem os autores de um saber transformador.

Retomando a questão do discurso científico e fazendo uma ponte entre o moderno e o pós-moderno, Hargreaves (2003) chama atenção para o novo quadro que se apresenta à Educação. Segundo o autor, num contexto modernista, a escola, espaço de formação e de aprendizagem, veicula os saberes científicos considerados socialmente válidos, define currículos e objetivos de aprendizagem claros e precisos que, tanto do ponto de vista das aprendizagens como das atitudes e valores, os sujeitos devem evidenciar para que sejam considerados pessoas formadas e educadas no quadro dessa sociedade.

Contudo, o cenário pós-moderno é outro. A escola não é mais o único local (ou dos únicos locais) que dá acesso ao conhecimento e à formação e o perfil formativo que a instituição "escola" proporciona já não está adequado às exigências atuais, "que solicitam ao indivíduo competências de flexibilidade, capacidade de intervenção e de criatividade", em suma, "aptidões para lidar com o incerto e o inesperado e neles encontrar sentidos, oportunidades e condições de viabilidade pessoal" (HARGREAVES, 2003, p. 126).

O pensamento de Hargreaves ecoa em respostas dadas pelos sujeitos futuros-professores à seguinte pergunta: O que você aprende está em sintonia com a realidade das escolas de ensino fundamental e médio? Se não está, o que está impedindo?

> [64] Não totalmente. Algumas das teorias talvez não estejam em sintonia com a vida de certos grupos. Não há como a mesma teoria se aplicar a grupos de estratos sociais ou culturais diferentes. Não há fórmulas mágicas. (3ºB-6)
>
> [65] Não está em sintonia por debilidade do ensino. Debilidade que parte da instituição "escola" e da sociedade de modo semelhante. (4ºB-17)
>
> [66] Infelizmente não [...], pois os alunos não querem aprender. Teremos que fazer toda a diferença, usando técnicas para ensinar o que aprendemos aqui. (3ºB-19)
>
> [67] Sim. Os professores são atualizados e nos mantêm com "os pés no chão" de como será trabalhar nesta área. (3ºB-16)
>
> [68] Não há sintonia. O que impede é a falta de atualização ou até mesmo a ideologia. (4ºB-26)
>
> [69] Acho que está cada vez mais difícil estar em sintonia porque o nosso "público" (alunos) está mudando e surpreendendo cada dia mais. (3ºB-5)
>
> [70] Em parte. A prática precisa de reparos, pois sabemos que lá fora é bem diferente. Ainda aprendemos coisas que já não satisfazem os alunos há muito tempo. (4ºB-1)
>
> [71] Sim. Nenhum professor nos ilude quanto à realidade das escolas. (4ºB-27)
>
> [72] Com relação ao conteúdo, sim. Beleza! Mas a didática... (3ºB-14)
>
> [73] Não está. Creio que os professores das disciplinas pedagógicas precisam conhecer melhor a realidade da escola. Questões de inclusão escolar sequer são citadas. (4ºB-15)
>
> [74] O conteúdo do nosso curso é riquíssimo, o que me auxilia muito na profissão. A competência de nossos professores

> também é algo que faz a diferença nessa sintonia. (3ºB-11)
> [75] Com relação às matérias de licenciatura está completamente destoante, visto que a estrutura educacional está falida e querem nos ensinar o contrário. (4ºB-16)

Como pode ser observado, na visão dos respondentes há uma mescla das duas premissas – modernidade e pós-modernidade – permeando o contexto escolar. Entretanto, a maioria das formulações cria, como efeito discursivo, a visão de uma instituição fortemente marcada pela lógica modernista, que deve ser repensada, remodelada de modo a considerar o que é realmente apropriado aos seus alunos.

A maioria dos respondentes considera que muito do que lhes é ofertado pela escola deve ser repensado ou até substituído por outros "conteúdos" mais adequados ao contexto atual.

Em algumas das formulações observamos uma referência à falta de atualização dos professores como causa do insucesso escolar. Outras, ainda, explicam a falta de sintonia com a realidade, colocando como hipótese, o baixo nível de preparo do professor.

O efeito de sentido provocado por esses discursos é o de que é preciso dar um novo sentido à escola e que esta deve assumir novas posturas, mais adequadas às exigências atuais dos alunos. Mas, nem tudo é efeito negativo. Para alguns respondentes ainda há vínculo entre professor e aluno, através do qual se efetivam novos desafios e aprendizagens. Em consequência, cria-se um novo sentido para a aprendizagem – a valorização pessoal que os conteúdos ofertados representam para o aluno, como no exemplo: *O conteúdo do nosso curso é riquíssimo, o que me auxilia muito na profissão.*

Ao problematizar a questão do ensino, Giroux (1996) nos adverte que é pela recuperação das memórias, da abordagem das questões do dia a dia e das questões particulares que se devem proporcionar situações de aprendizagem.

Modernidade e pós-modernidade habitam o imaginário discursivo desses alunos. Ao analisar as formulações dos respondentes pode-se observar como o funcionamento discursivo revela uma noção de contingência sempre presente, fruto da ambivalência constitutiva da linguagem, das relações sociais, dos sentidos e dos sujeitos. Observa-se, ainda, que a materialidade linguística aponta para a permanência de ideais modernistas nos discursos examinados, cujos efeitos permeiam a formação desses futuros professores.

A possibilidade que é dada ao sujeito – ou de que pode usufruir – de interagir com diferentes situações e relações "faz despontar diferentes aspectos da sua identidade, o que abre interessantes possibilidades. Assim, a existência pode ser vista como um complexo labirinto de possibilidades de existência humana" (GERGEN, 1991).

2.2. A apropriação social dos discursos

Na perspectiva em que se insere esta investigação, o discurso é "lugar" de investimentos sociais, históricos, ideológicos, por meio de sujeitos interagindo em situações concretas.

O discurso é a língua em funcionamento, é produto da manifestação da enunciação. Ao estudar seu funcionamento, Foucault (1969) o concebe como "um conjunto de enunciados na medida em que se apóiem na mesma formação discursiva", um conjunto limitado de enunciados para os quais é possível se definir um espaço de regularidades associadas a condições de produção, como, por exemplo, o discurso pedagógico.

Foucault (1998) também entende o discurso como um espaço de luta, como um jogo estratégico de ação e reação, "espaço em que o saber e o poder se articulam, pois quem fala, fala de algum lugar, a partir de um direito reconhecido institucionalmente". O autor afirma que o discurso que veicula saberes (saberes institucionais) também gera poder. A produção desse discurso é, entretanto, controlada, selecionada, organizada e distribuída de modo a eliminar toda e qualquer ameaça à permanência desse poder. Nesse sentido, o discurso é entendido como uma prática regulamentada, cujas regras o sujeito tem de obedecer. A prática discursiva define-se, então, como

> um conjunto de regras anônimas, históricas, sempre determinadas no tempo e no espaço, que definiram, em uma dada época e para uma determinada área social, econômica, geográfica ou linguística, as condições do exercício da função enunciativa. (FOUCAULT, p. 1969).

Não é o discurso do cotidiano que chama a atenção de Foucault, o discurso do sujeito que acredita ser senhor de seu dizer e fonte original de sua palavra, mas o discurso do sujeito cindido, disperso, descentrado que ocupa seu lugar de sujeito no discurso das grandes instituições.

No tratamento dado à ordem do discurso, Foucault (1971) afirma que a apropriação social dos discursos se dá por vários mecanismos e reconhece que, entre eles, o mais importante é o sistema escolar. Por esse mecanismo, a instituição escolar garante a distribuição dos sujeitos que nos falam diferentes tipos de discurso, garantindo, ainda, a apropriação de discursos apenas por certas categorias de sujeito.

2.3. A instituição escolar

Entendemos a instituição escolar como um lugar de produção de conhecimento. Tal produção ocorre pela prática discursiva, que leva em conta o real dos enunciados e do sujeito sócio-historicamente posicionado, e não de uma forma estanque sob o aspecto de mera transmissora de informação.

Nessa prática discursiva pode-se observar um jogo de regras que determina escolhas e exclusões no universo daquilo que pode e deve ser dito. Entretanto, a regularidade dessas regras não é fruto de obras individuais, segundo Foucault (1998). Ela ganha corpo na instituição sob formas pedagógicas que a impõe e a mantém.

A característica fundamental da instituição escolar é a seleção dos saberes e das competências a serem ensinadas e aprendidas na estrutura social. Pela materialização e distribuição desses saberes, a instituição escolar ratifica a sua função, tornando-se, assim, responsável pela distribuição dos saberes que serão socialmente aceitos e que permitirão a inserção do sujeito no âmbito social. Ao fazer isto, a instituição escolar reproduz tanto a ideologia dominante quanto a força de trabalho.

O trabalho de Bourdieu (1996) se mostra importante para este estudo pela perspectiva que apresenta sobre o que determina uma instituição. Para o autor,

> instituir é o mesmo que impor um direito de ser que é também um dever ser (ou um dever de ser). É fazer ver a alguém o que ele é e, ao mesmo tempo, lhe fazer ver que tem de se comportar em função de tal identidade. (BOURDIEU, 1996, p.100).

Bourdieu propõe que o ato de instituir estabelece limites, ordens e parâmetros para toda e qualquer prática social inserida em uma instituição. O sujeito, ao ocupar a posição que a instituição lhe confere como legítima, é instado a se portar de uma determinada maneira, a assumir determinado discurso.

Esse direito de ser e dever ser de que fala Bourdieu não é assumido voluntariamente. Em decorrência, o sujeito não tem permissão para abdicar dele. Como ilustrado por Pêcheux (1997), o sujeito é interpelado a assumir a posição que a instituição lhe atribui: competência legítima e uma posição determinada.

Assim é estabelecido o discurso do sujeito pela instituição: ela define o que pode e o que não pode ser dito em um tempo e um espaço determinado.

Bourdieu aprofunda essa questão ao afirmar que instituir lugares na sociedade é fazer alguém ver o que ele é; é fazer alguém perceber que deve se comportar conforme a norma identificatória.

A perspectiva de Bourdieu encontra eco nas respostas dadas à seguinte pergunta: Qual é o objetivo maior de um professor? Em alguns casos a identificação é evidente.

> [76] Formar cidadãos críticos e intelectualmente capazes de exercer seus direitos e deveres como cidadãos, incluindo nisto a formação para o mercado de trabalho. (4ºB-12)
> [77] Ajudar na educação do aluno e transmitir o conhecimento específico da área. (4ºB-30)
> [78] Acho a profissão de professor muito importante e bonita, por isso sempre quis ser professora. (4ºB-31)
> [79] É ajudar o aluno, futuro cidadão, a se inserir de modo tranquilo e eficaz na sociedade. Adequar este aluno aos parâmetros "exigidos" pela sociedade, fornecendo instrução. (4ºB-37)
> [80] Sentir prazer em passar seus conhecimentos e [ficar] satisfeito por ter conseguido ser reconhecido pela sua competência e dedicação. (4ºB-33)

Observamos, nos exemplos apresentados acima, que o funcionamento discursivo produz sentidos para a instituição e para os alunos. Verificamos na opacidade dessas formulações uma preocupação com a explicação do processo por meio do qual os alunos tentam descrever, explicar ou dar conta do mundo em que vivem. Tais descrições e explicações aparecem como formas de ação social. Desse modo, estão permeadas da ideologia do discurso didático-pedagógico. A forma como esses alunos se posicionam perante a profissão escolhida implica um esforço de identificação a noções profundamente arraigadas em nossa cultura. São enunciados novos, sim, mas impregnados de discursos anteriores, contribuindo, assim, na constituição do acervo de repertórios interpretativos disponíveis para dar sentido às coisas.

Os enunciados revelam, ainda, o papel que compete à instituição – no caso a instituição escolar – e também a determinação do modo reconhecido e legitimado de ser e de se comportar dos membros que fazem parte da instituição – no caso, os alunos.

De acordo com a perspectiva construcionista de Spink (2000), tanto o sujeito quanto o objeto são construções sócio-históricas, o que implica a problematização da noção de realidade. Para a autora, a realidade não existe independente de nosso modo de acessá-la. "Só apreendemos os objetos que se nos apresentam a partir de nossas categorias, convenções, práticas, linguagem: enfim, de nossos processos discursivos" (SPINK, 2000, p. 28). A autora sugere que vivemos em um mundo no qual as verdades são sempre específicas e construídas a partir de convenções pautadas por critérios de coerência, utilidade, moralidade e de adequações às finalidades que designamos coletivamente como relevantes.

O pensamento de Spink se aproxima do pensamento de Foucault no momento em que o autor concebe a noção de "pertença" a um determinado grupo. Segundo Foucault (1996),

> [...] é pela partilha de um só e mesmo conjunto de discursos que indivíduos, tão numerosos quanto se queira imaginar, definem sua pertença recíproca [...] a única condição requerida é o reconhecimento das mesmas verdades e a aceitação de certa regra. (FOUCAULT, 1996, p. 42).

Os enunciados examinados chamam atenção para essa questão. Ao compartilharem o mesmo discurso da instituição escolar, o sujeito (aluno-futuro-professor) está definindo sua pertença à instituição e assumindo o "direito de ser e o dever ser", ou seja, esses futuros professores pertencem a uma mesma ordem de discurso e estão inseridos na mesma formação discursiva.

Daí decorre o processo de interpelação que produz o sujeito, constituindo-o sob a evidência que veicula e mascara a norma identificatória da pertença à instituição. Ele assume seu papel social, sob a ilusão de que é de sua livre vontade pertencer ao grupo. Esse é o trabalho da ideologia – tornar tal processo naturalizado.

Para Althusser (1998), o sujeito da escola é, de fato, um sujeito produzido pela escola. Um sujeito assujeitado pela instituição escolar, desprovido de liberdade, exceto a de aceitar livremente essa sujeição.

Cardoso (2003) considera que a interpelação é resultado de um discurso do poder

> que se pronuncia sobre a educação, definindo suas metas, seus objetivos e seus conteúdos, ou seja, tomando decisões. Professores e alunos acabam sendo excluídos do discurso pedagógico, não tendo outra opção a não ser assujeitarem-se livremente a esse pronunciamento. (CARDOSO, 2003, p. 50).

A instituição escolar constitui-se através de rituais sociais consagrados por uma sociedade. Esses rituais passam por um processo de naturalização e tornam-se regras aceitas e inquestionáveis.

O ritual define a qualificação que devem possuir os indivíduos que falam, logo nem todos estão autorizados a pronunciar qualquer dizer. No caso do contrato didático, essa qualificação significa possuir o saber e estar em posição autorizada a ocupar o lugar social de fala.

Foucault (1996) compreende o ritual como mecanismos de controle do dizer. São formas sociais de interação que, para serem válidas, precisam ser reconhecidas como tais, como eficazes e como imprescindíveis. É pela eficácia da institucionalização dos rituais que as experiências dos indivíduos são recriadas e as relações sociais são transformadas. Sua importância está no fato de que em toda sociedade, a produção de discursos é ao mesmo tempo controlada, selecionada, organizada e redistribuída por certo número de procedimentos de exclusão (*op.cit.*, p. 8).

Um desses procedimentos é chamado de interdição, em que o direito do sujeito que fala determina que nem todos estão autorizados a proferir todo e qualquer dizer. Assim, o discurso é silenciado conforme os papéis delegados ao sujeito participante da instituição.

A exclusão também é feita por meio da "vontade de verdade", que estabelece um lugar de completude de sentidos e é reconduzida pelo modo como o saber é aplicado, valorizado e distribuído em dada sociedade. Como sistema de educação, a instituição escolar possui autoridade para determinar quem está incluído ou não, quem pode e quem não pode ter acesso a qualquer tipo de discurso e, assim, "manter ou modificar a apropriação dos discursos, com os saberes e poderes que eles trazem consigo" (*op.cit.*, p. 43).

Para Foucault, a circulação dos discursos obedece a uma ordem de discurso manifesta sob a forma de contratos. As instituições, de acordo com o contrato instituído, procuram estabelecer qual sentido deve ser considerado legítimo, ou seja, cercar o sentido.

Em uma instituição escolar, a organização e as posições ideológicas ocupadas pelos sujeitos são regidas por um contrato instituído denominado contrato didático. Para pertencer a essa instituição, os sujeitos assujeitam-se às normas já estabelecidas, o que oferece legitimação ao contrato.

Para Althusser (1978), o sujeito acredita que seu comprometimento com o contrato é assumido por sua livre vontade, quando, na verdade, segundo o autor, é a interpelação ideológica, inconsciente, que determina sua pertença à instituição. O sujeito se identifica com as normas do dizer consignadas pela formação discursiva dominante da instituição, mantendo-se na ilusão de que essa identificação é voluntária[14].

Para exemplificar essa identificação, duas perguntas foram feitas aos alunos: O que o motivou a escolher este curso? Este curso pode ser considerado significativo para a sua prática profissional?

> [81] A vontade de ensinar. / Aqui aprendemos a ensinar./ O gosto pelo ensinar e aprender. / O reconhecimento que o curso tem. /A vontade de contribuir para a formação dos cidadãos./Sempre quis ser professor/a por achar o papel do professor muito importante na sociedade.

As formulações citadas foram as mais recorrentes. Já as citadas a seguir, são bem significativas do comprometimento do sujeito ao contrato didático e, por vezes, algumas demonstram resistência.

> [82] O que me motivou? Identificação e realização pessoal. (1ºB-10)
> [83] Fui influenciado por um professor. (4ºB-16)
> [84] Para lecionar o curso é fundamental. Proporciona uma visão ampla dos conteúdos e *garante* um crescimento de conhecimentos. (3ºB-7) [grifo nosso]
> [85] Nele me foi apresentado tanto o conteúdo necessário, quanto as práticas de ensino *indispensáveis* para ser tal profissional. Ele também abriu uma linha infinita de conhecimento a ser buscado. (3ºB-11) [grifo nosso]
> [86] Um sonho. Sempre quis ser professora e a escolha do Curso de Letras é devido a isso. (4ºA-12)

14 A instituição escolar assume o papel de um AIE (Aparelho Ideológico de Estado), que busca assegurar a reprodução da força de trabalho, exercendo coerção sobre o discurso e assujeitando o sujeito à ideologia dominante. Cf. Althusser, 1978.

> [87] Muito. Os melhores professores estão aqui. Sem dúvida nenhuma, os bons me fizeram enxergar coisas incríveis. (3ºA-4)
> [88] [O que me motivou foi] a admiração que eu tinha por aqueles que tanto me ensinaram, para me tornar igual a eles. (3ºB-15)
> [89] Ele [o curso] é mais do que significativo, é essencial. Aqui eu desenvolvo as minhas habilidades para, um dia, ajudar meus pequenos a desenvolver a deles. (1ºB-1)
> [90] Claro [que é significativo]. As matérias me atraem de forma inexplicável. Eu vejo em todas as aulas uma forma diferente de como poderei usá-la quando me formar. (1ºB-2)
> [91] [O que me motivou foi] principalmente a "utopia" de poder participar do processo de formação cívica de jovens e adolescentes. (4ºB-17)
> [92] Sim. É de extrema importância, pois aqui eu tenho (ou devo ter) as bases necessárias para desempenhar um excelente papel como educadora. (4ºB-26)

Foi feito um recorte de três respostas, destacadas a seguir, nas quais é possível entrever, através da materialidade linguística, a explicitação de um direito de dizer aquilo que, segundo os rituais de exclusão ilustrados por Foucault, deveriam ficar silenciados. Essas formulações representam uma ruptura no discurso do contrato didático, permitindo que o sujeito demonstre o não reconhecimento da autoridade pedagógica atribuída à instituição.

> [93] Em questão do conteúdo sim [pode ser considerado significativo], pois os professores são preparados e ampliam nosso conhecimento. Porém, na prática, não. Faltam-nos aulas que nos ensinem a aplicar na prática o que aprendemos e analisamos na teoria. (4ºB-2)
> [94] [O que me motivou foi] a "utopia" de que uma instituição superior pudesse contribuir para a formação de bons

> professores. Com exceção de alguns cursos, o nível é muito baixo e beira à hipocrisia. (4ºB-37)
>
> [95] Acredito que sim [que o curso pode ser considerado significativo], apesar das inúmeras decepções que tive com matérias, professores, aulas e "ideais fantasmas". Também tive bons momentos e comparando-os aos que sei das outras faculdades penso que meu curso e a FSA ainda valem a pena. Só fico triste pensando na situação "além FSA"... e em tudo em que acreditava e que "veio abaixo". (4ºB-13)

O contrato didático determina a relação entre o sujeito-professor e o sujeito-aluno e define, também, qual saber é tido como válido e o saber de quem é aceito como legítimo

Os discursos presentes nas formulações acima descritas operam em uma modalidade denominada "discurso da autoridade".

De acordo com a perspectiva defendida por Bourdieu (1996), a autoridade de colocar certos sentidos em fala é socialmente atribuída ao sujeito, segundo a posição que ele ocupa em uma determinada instituição.

Vê-se nas falas citadas, uma vontade de apropriação dessa autoridade. Os alunos "falam" o que falam porque a eles foi dada, pela instituição, por intermédio desta pesquisa, "o direito/a autoridade" de produzir significados.

Para Bourdieu,

> O porta-voz autorizado consegue agir com palavras em relação a outros agentes e, por meio de seu trabalho, agir sobre as próprias coisas, na medida em que sua fala concentra o capital simbólico acumulado pelo grupo que lhe conferiu o mandato e do qual ele é, por assim dizer, procurador. (BOURDIEU, 1996, p. 89).

O discurso da autoridade tem uma especificidade que reside no fato de que não basta que ele seja compreendido. É preciso que sua autoridade seja reconhecida para que ele possa exercer seu efeito. Não basta também ao sujeito, tanto professor quanto aluno, pretender ocupar esse lugar. Assim como também não é suficiente que o sujeito dono desse discurso seja compreendido pelos outros – outros sujeitos/outros grupos. É preciso que o sujeito seja investido de autoridade e que seu discurso seja reconhecido como legítimo. A esse reconhecimento Bourdieu (1992) deu o nome de autoridade pedagógica.

É necessário levar em conta que em uma relação de interação como a possibilitada aos alunos participantes da pesquisa, ocorre um processo a partir do qual o sujeito busca agir sobre o outro, construir lugares, relações sociais e exercer poder. Decorre daí a organização de uma relação de forças entre as diferentes "posição-sujeito" – neste caso entre o aluno e todos os sujeitos que ocupam posições de domínio dentro do contrato didático.

Como já foi dito anteriormente, os discursos circulam e, segundo Orlandi (1996b), os discursos que circulam em nossa sociedade são autoritários e reproduzem as relações sociais. Orlandi esclarece que no discurso autoritário não há realmente interlocutores, mas um "agente exclusivo"; aquele que tem o poder, a autoridade pedagógica de dizer. Não se diz o que se quer, em qualquer situação, de qualquer maneira.

Tomando como referência as formulações em estudo, pode-se afirmar que os sujeitos-alunos-futuros-professores obtiveram autoridade para dizer apenas o que a pesquisa permitiu que dissessem, nesta situação específica de investigação e da maneira que lhes foi permitida pelo contexto de pesquisa. O dizer que para eles é ilusoriamente origem e com sentido completo, fechado, não deixa de ser uma situação de linguagem regulada.

2.4. Interpretação

Foucault (1969) propicia contribuição à questão da interpretação ao afirmar que analisar o discurso é fazer desaparecer e reaparecer as contradições; é mostrar o jogo que jogam entre si; é manifestar como pode exprimi-las, dar-lhes corpo, ou emprestar-lhes uma "fugidia aparência".

Orlandi (1998b) compreende que uma vez detectados um processo significativo relevante para o tema e o objetivo de uma pesquisa, esses devem ser procurados ao longo do *corpus*, pelos recortes.

Na perspectiva discursiva, a interpretação é o lugar próprio da ideologia e sempre se dá de algum lugar da história e da sociedade e tem, ainda, uma direção política. A relação do sujeito com o mundo, ou seja, sua forma de atribuir significados, sua forma de interpretação, é historicamente modalizada pela formação social em que se dá. Nessa perspectiva, o sujeito é sujeito à interpretação e sujeito da interpretação, afirma a autora.

Interpretar é buscar sentidos. Desta maneira, o analista busca ir além do que se diz, ir além do que está na superfície das evidências linguísticas.

O funcionamento discursivo não se apresenta na superfície linguística. Para entendê-lo é necessário partir das marcas linguísticas para chegar às propriedades discursivas, que tem a ver com o discurso como um todo em relação à exterioridade.

Para a AD, a linguagem não é transparente. Esta é de natureza social, já que relaciona sujeitos e sentidos que são afetados tanto pela língua quanto pela história. Desta forma, o sentido não está na palavra. De acordo com Orlandi (1999), devemos recusar a concepção de linguagem enquanto mera transmissão de informação. Segundo a autora, o que temos são complexos processos históricos e ideológicos produtores de sentidos que trabalham "a mediação necessária entre o homem e a realidade natural e social" (*op.cit.*, p. 15).

O sujeito falante efetua uma identificação com a formação discursiva que o domina e "esquece" que é interpelado em sujeito pela ideologia, que retoma significados já existentes e, assim, se reconhece como a origem de seu dizer. Por esse mecanismo o sujeito "esquece" que ele é apenas a função de uma formação discursiva ou ideológica.

Na ilusão de que há uma relação direita entre as palavras e as coisas, o sujeito "esquece" que, ao falar, o faz de uma maneira e não de outra. Esse esquecimento permite ao sujeito a ilusão de controle sobre os significados.

Vale salientar que o discurso é constituído pela pluralidade, pela presença de outros discursos. Ele não é fechado em si mesmo, visto que é constituído no interdiscurso, pela memória do dizer. Todo discurso, diz Orlandi, "atesta a relação com os outros (que ele exclui, ou inclui, ou pressupõe, etc.) e com o interdiscurso (que o determina)"

Para a autora, o interdiscurso ou a memória do dizer "se parte em diferentes regiões (as diferentes formações discursivas) desigualmente acessíveis aos diferentes locutores" (ORLANDI, 1997, p. 20).

Fundamental para a AD é a noção de que os processos discursivos constituem a fonte da produção dos efeitos de sentido no discurso e a língua é o lugar em que se realizam os efeitos de sentido.

O que interessa para esta pesquisa não são as marcas linguísticas em si, mas como elas funcionam no discurso. Como o objetivo desta pesquisa ao interpretar os discursos dos sujeitos alunos não é estudar as marcas linguísticas, mas como elas apontam para o discurso, o nosso objeto de estudo serão as representações.

A partir dos estudos de Stuart Hall (1997) e McLaren (1997/2000) foi possível fundar uma interpretação do objeto de pesquisa que possibilitou a verificação das representações acerca da instituição escolar.

Posto que o discurso é pronunciado segundo as condições de produção e é entendido como efeito de sentido entre os locutores, buscamos demonstrar como funciona o discurso das representações no contrato didático.

2.5. O discurso das Representações

Na visão de Lull (2000), as representações significam coisas diferentes para pessoas diferentes, logo são polissêmicas; são também multissêmicas, já que podem assumir significados diferentes para as mesmas pessoas em momentos, lugares e situações diferentes e são combinatórias, pois podem ser sintetizadas, alteradas, recontextualizadas, divididas e somadas a outras formas. Para o autor, os significados nunca são evidentes por si sós. A construção do significado é processual e altamente subjetiva. Assim, "o poder simbólico é exercido por quem transmite e por quem interpreta as mensagens em um campo relativamente aberto de significação" (*op. cit.*, p. 162).

Para que possamos analisar quais as representações encontradas nos discursos dos sujeitos-alunos, é necessário, em primeiro lugar, atentarmos para o conceito de representação, já que é a partir dele que analisaremos e discutiremos como são construídas as representações da instituição escolar nos discursos desses sujeitos. Sempre analisadas dentro da perspectiva da Análise do Discurso de linha francesa, as representações servem-nos de instrumento para caracterizarmos os efeitos de sentido produzidos a partir delas.

Em segundo lugar, é necessária a compreensão de como as representações circulam e de como os significados, produzidos por essas representações, continuam se (re)produzindo, ocasionando mudanças que interferem nos processos de constituição dos sentidos e dos sujeitos

Considera-se que discurso que circula na instituição escolar é ideológico, pois não há discurso sem ideologia. Esta não pode ser desconsiderada no momento da interpretação, já que é fundamental à constituição dos sentidos, já que "a ideologia tem uma materialidade e o discurso é o lugar em que se pode ter acesso a essa materialidade" (ORLANDI, 1997, p. 16).

Sabemos que a linguagem é o meio pelo qual os significados são produzidos e representados numa determinada cultura. Assim, a linguagem ou 'linguagens', como sugere Hall (1997a), é fundamental no processo de produção de significados, pois é um sistema de representação que utiliza elementos que funcionam como símbolos portadores dos significados que queremos transmitir.

Falarmos em cultura é abrirmos um leque de possibilidades discursivas que fogem aos objetivos deste trabalho. Porém, julgamos pertinente trazermos algumas definições necessárias para a compreensão da articulação entre cultura, representação e práticas sociais.

Segundo o autor, cultura não é tão somente um conjunto de coisas, mas deve ser entendida como "um processo, um conjunto de práticas" que depende de seus participantes interpretarem significativamente o que está acontecendo à sua volta. De acordo com esta perspectiva, os "significados culturais produzem efeitos reais sobre nossa conduta, pois são eles que regulam e organizam as práticas sociais" (HALL, 1997a, p. 3).

Silva (1999), que entende o conhecimento como um campo cultural, afirma que

> [...] a cultura é um campo de produção de significados no qual os diferentes grupos sociais, situados em posições diferenciais de poder, lutam pela imposição de seus significados à sociedade mais ampla. A cultura é, nessa concepção, um campo contestado de significação. O que está centralmente envolvido nesse jogo é a definição da identidade cultural e social dos diferentes grupos. A cultura é um campo onde se define não apenas a forma que o mundo deve ter, mas também a forma como as pessoas e os grupos devem ser. (SILVA, 1999, p.131).

Resulta dessas duas concepções a noção de que cultura e representação estão inevitavelmente interligadas pela linguagem. Em outros termos, a representação é uma prática que envolve o uso de signos, de linguagens que representam o mundo significativamente para o outro.

Hall (1997) entende a representação como um processo que encadeia a relação entre três elementos: coisas, conceitos e signos. De acordo com o autor, no processo de produção de significados, dois sistemas de representação se relacionam: o primeiro é aquele que nos permite significar o mundo por meio da construção de uma cadeia de equivalências entre coisas (pessoas, ideias, etc.) e o nosso "mapa conceitual"[15]; o segundo depende da construção de um conjunto de correspondências entre nosso mapa conceitual e um conjunto de signos organizados em várias linguagens que representam aqueles conceitos.

Podemos dizer, então, juntamente com Hall, que a representação é um processo complexo que interliga sistemas de representação.

Adepto da abordagem construtivista, segundo a qual a linguagem possui um caráter social, Hall propõe uma relação complexa e mediada entre as coisas do mundo, nossos conceitos mentais e a linguagem.

Segundo essa visão, não é o mundo material que atribui significados, é o social. Os significados dependem da função simbólica do signo. Tudo o que funciona como signo trabalha simbolicamente, ou seja, representa conceitos.

Hall afirma que

> os signos só produzem significados se nós possuirmos códigos que nos permitam traduzir nossos conceitos em linguagem e vice-versa, porém esses códigos não existem na natureza, mas são o resultado de convenções sociais, fazem parte da cultura que aprendemos e internalizamos inconscientemente à medida que nos tornamos membros de nossa cultura. (HALL, 1997a, p. 29).

---

15 Mapa conceitual diz respeito a uma coleção de conceitos organizados, arrumados e classificados em uma relação complexa uns com os outros (HALL, 1997a, p.18).

Hall está se referindo às práticas simbólicas através das quais a linguagem e os significados operam. Assim sendo, o significado é produzido através das práticas de representação. É o sujeito social que faz uso dos sistemas conceitual e linguístico e outros sistemas de representação de sua cultura para produzir significados, para atribuir significado ao mundo.

Ao realizar a análise do discurso dos alunos- futuros-professores do Curso de Letras, buscamos descobrir aspectos das representações sociais que eles elaboram sobre a escolha profissional, sobre os seus futuros alunos e sobre a instituição na qual estão se formando, entre outros.

Na visão de Silva (1999), identidades sociais e regimes de representação estão intimamente ligados, pois estes funcionam como formas de conhecimento que são dependentes das identidades sociais daqueles grupos que os produzem e constituem o processo de criação e manutenção de identidades sociais. A representação é um processo de produção de significados sociais através dos diferentes discursos. É através dos significados neles contidos que o mundo social é representado e conhecido de uma forma particular e que o *eu* é produzido.

Um aspecto central é a prática social de escolha da profissão e da instituição escolar. Essa prática social é sempre um processo de seleção, de escolha, que definirá o paradigma orientador de um "futuro profissional" e que, por meio de práticas discursivas de representação, valorizam alguns significados e silenciam outros.

Exemplos:

[96] O Curso de Letras abre portas para conseguir aulas. Procura mostrar como trabalhar numa sala de aula.

[97] A área de atuação é muito ampla e o diploma me permitia cargos melhores.

[98] Escolhi esta faculdade por achar o currículo mais completo do que as demais.

[99] Foi uma escolha ligada ao sentimento de me envolver com o mundo das Letras.
[100] Sempre quis ser professor; sempre achei o papel do professor importante na sociedade.

Em relação às representações sociais, Moscovici (1978), maior representante da Escola Francesa das Representações Sociais, identifica três dimensões da representação social: 1) informação, que diz respeito às fontes e organização dos conhecimentos que um grupo possui a respeito de um objeto; 2) campo de representação, relacionado à organização dos elementos que formam a representação, remete à ideia de imagem acerca do objeto representado; e 3) atitude, referente a um conjunto de orientações (cognitivas e afetivas do sujeito) em relação ao objeto da representação social.

Se estamos tratando de interpretação, de produção de conhecimento e de significados pareceu-nos adequada a articulação dos conceitos aqui postulados e a teoria de Moscovici a respeito das representações sociais.

O autor ressalta o caráter original das representações sociais:

> [...] são conjuntos dinâmicos, seu status é de uma produção de comportamentos e de relações com o meio ambiente, de uma ação que modifica aqueles e estas, e não de uma reprodução desses comportamentos e dessas relações. (MOSCOVICI, 1978, p. 50).

Esta visão das representações, vinculada à dos sujeitos ideologicamente constituídos sócio-histórica-ideologicamente, produzindo significados e efeitos de sentido ligados ao cotidiano, tem um aporte direto nos conceitos formulados por McLaren.

O autor situa o conhecimento como uma *construção social*, nunca neutro ou totalmente objetivo, mas "ordenado e estruturado de maneiras particulares; suas ênfases e exclusões partilham uma lógica silenciosa [...]" (1997, p. 202). Nesse sentido, a posição de McLaren se aproxima da noção de assujeitamento proposta pela AD.

Ao questionar os modos de produção e de legitimação do conhecimento, conceituando-o em três formas distintas – o *conhecimento técnico*, o *prático* e o *emancipatório*, que busca mais que conciliar, transcender os dois primeiros – McLaren focaliza o interesse, da mesma forma que a Teoria das Representações Sociais, na maneira "como nossos entendimentos de senso comum diários – nossas construções ou 'subjetividades' – são produzidos e vividos" (*op. cit.*, p. 202).

A origem das representações sociais está nos primórdios da função simbólica, na criança ainda bem pequena, no processo em que ela "*mergulha*" progressivamente na realidade, como aparece bem delineado em várias teorias psicanalíticas, afirma Oliveira (2007).

Ao estabelecer a função simbólica e relacionar-se com a realidade, a criança vivencia uma *realidade simbólica* compartilhada com o grupo social de que faz parte. O acesso a essa realidade não é direto, mas mediado por várias instâncias: a comunicação, o trabalho, os ritos, mitos, símbolos e, naturalmente, a escola.

Outro ponto de articulação entre McLaren e a AD é abordagem quanto às condições de produção que permeiam a constituição dos sujeitos. Segundo o autor, há forças combinadas pelas quais os estudantes "são induzidos a consentir com as ideologias dominantes e práticas sociais relacionadas à autoridade, ao comportamento e à moralidade" (McLaren, 1997, p. 216).

Da Teoria das Representações Sociais, dois conceitos explorados por Moscovici são de fundamental importância para nossa investigação: objetivação e ancoragem.

Esses dois conceitos nos trazem contribuições na medida em que a partir deles é discutido o modo como o sujeito representa o mundo.

Pela objetivação é conferida materialidade ao objeto, ou seja, ideias, imagens e noções são transformadas em coisas concretas, no caso, em palavras.

Pela ancoragem, o sujeito incorpora objetos representados ao sistema de pensamento social existente. Esses dois conceitos implicam "trazer para categorias já existentes, e conhecidas, o que ainda não está inteligível" (MOSCOVICI, 1981, p. 193).

Nesse sentido, objetivar e ancorar implicam outros processos complementares, como classificar e rotular, partindo do que Moscovici chama de *protótipos*. São procedimentos que demandam a aplicação de juízos de valor e, consequentemente, ideológicos. Segundo ele:

> [...] quando você classifica alguém como neurótico, judeu ou pobre, não está meramente afirmando um fato, está também fazendo um julgamento e está estigmatizando tal pessoa. E também revelando sua teoria sobre a sociedade e natureza humana. (MOSCOVICI, 1981, p. 194).

Pela materialidade linguística das formulações apresentadas pelos alunos participantes desta pesquisa nos foi possível apreender esse processo descrito por Moscovici.

Após uma leitura cuidadosa desses textos pudemos levantar algumas categorias de análise diante das respostas à pergunta: O que você entende por "aluno com necessidades especiais"?

Selecionamos os exemplos mais recorrentes e que se aplicam à Teoria das Representações Sociais, como descrita anteriormente.

> [101] Alunos portadores de alguma deficiência física ou mental. Alunos que muitas vezes enfrentam dificuldades familiares ou financeiras e precisam ser compreendidos; e o professor deve trabalhar em cima desses *obstáculos*. (4ºB-3) [grifo nosso]
>
> [102] É aquele que possui algum tipo de deficiência física

motora ou psicológica. Alunos que merecem um tipo de atenção diferenciada. (4ºB-2)

[103] Um aluno que precisa ser tratado com mais compreensão. (4ºB-9)

[104] É aquele que, por qualquer motivo, necessita desse "autoajuste" por parte do professor. É aluno que gera esse processo dinâmico em que o ensino escolar necessita se transformar. (4ºB-17)

[105] Um aluno que pode apresentar algum atraso, deficiência, déficit de atenção, ou qualquer outro problema que prejudique seu desempenho escolar e exija do professor alguma atenção especial. (4ºB-32)

[106] Um aluno que necessita de ajuda, empenho e dedicação do professor. (3ºB-19)

[107] Penso que são todos e qualquer estudante que tenha dificuldades para aprender as matérias. (3ºB-16)

[108] Alunos que precisam apenas de alguns recursos especiais e professores preparados para ajudá-los [...] (3ºB-5)

[109] Alunos que apresentam algum tipo de anormalidade. (3ºB-2)

[110] Deficientes físicos e mentais e crianças com dificuldades de aprendizado, seja apor problemas psicológicos, seja pelo contexto social em que vivem. (1°B-12)

[111] Entendo literalmente, "aluno com necessidades especiais". Exemplos: surdos-mudos, traumatizados, inteligentes, esquizofrênicos, habilidosos, psicóticos, sinceros demais, etc. (1ºB-8)

O discurso presente nessas formulações produz como um de seus efeitos de sentido a representação de um professor missionário, ou seja, aquele professor que deve ajudar esses alunos a superar as dificuldades.

Um percentual elevado de respondentes escreveu sobre "o professor atencioso", redentor, aquele que deverá se identificar com seus alunos e dar a eles uma atenção especial.

Em outra categoria, as marcas linguísticas preponderantes são as que designam os alunos com necessidades especiais como pessoas com deficiências ou "desviantes da norma". Obtivemos a delimitação de um universo semântico em que pontuaram termos como "deficiência mental", "problemas de conduta", "desenvolvimento anormal" e "deficiências em geral". Também foram referenciados como "aqueles que precisam de muita atenção" e "de ajuda redobrada".

Não foi possível identificar na materialidade linguística dos questionários analisados, representações de "alunos com necessidades especiais" que comtemplem "alunos que necessitam de necessidades educativas diferenciadas", por exemplo, ou ainda, representações sobre a questão da autonomia do sujeito.

Os estudos sobre a qualidade de ensino têm conquistado espaços e tempo de discussões de grandes proporções. O papel da escola tem sido reforçado como lugar de construção de uma melhor qualidade de vida e de aprimoramento do convívio social.

Ao levantar um questionamento sobre o conhecimento que nosso sujeito-aluno-futuro-professor possui sobre o que vem a ser "educação inclusiva", nosso objetivo foi o de, além de detectar o nível de preparo desse sujeito, apreender também a representação que esse sujeito elabora sobre o papel da instituição escolar.

Um número expressivo de formulações discorre sobre a educação inclusiva como sendo

> [112] a educação que proporciona ao "aluno com necessidades especiais" a oportunidade de estudar junto ao ensino regular e aos outros iguais. (3ºB)

Parece-nos, aqui, que a formulação acima é bem representativa do pensamento de McLaren: "Continuam a existir grupos que a escola condena ao insucesso, que já começam com uma desvantagem econômica e cultural".

Neste momento centramos nossa investigação em formulações que colocam tanto o aluno quanto a instituição escolar e seus professores em desvantagem, quando se trata de educação inclusiva. Vejamos:

> [113] Antes de qualquer coisa, será necessário um treinamento dos professores para receber os alunos com deficiência. (3ºB-17)
>
> [114] Acho muito importante incluir alunos com necessidades especiais, no entanto, é essencial que a escola tenha estrutura para receber esses alunos. (3ºB-6)
>
> [115] Algo que a escola não está preparada para receber bem. Há poucas instituições em que os professores estejam devidamente preparados para trabalhar com alunos desse tipo. (3ºB-2)
>
> [116] Educação inclusiva é aquela que possibilita a convivência de todos os alunos e professores em harmonia, sem discriminação. (4ºB-2)
>
> [117] É dar atenção para os alunos portadores de alguma deficiência, colocando-os junto com aqueles *que não portam deficiências aparentes*. (4ºB-27) [grifo nosso]
>
> [118] *Método* que inclui o aluno no meio social. (4ºB-10) [grifo nosso]

Foi tônica nessas formulações o efeito de sentido de que os professores e a instituição escolar precisam estar bem preparados para a educação inclusiva. Acreditamos que essas representações podem oferecer pistas significativas para aqueles que buscam a melhoria da qualidade de ensino.

Os efeitos de sentido provocados apontam para a necessidade de revisão de uma política mais abrangente em relação a essas questões.

Pelo acima relatado, apreende-se que os sujeitos-alunos tendem a trabalhar a heterogeneidade de uma forma desigual, tentando normalizar o que é diversidade. Nesse sentido, esses sujeitos estão trabalhando de acordo com o proposto pela engrenagem escolar tradicional.

Por outro lado, emergiu, como um significado fundamental para esta questão, a representação de uma Educação voltada para a interação e para a vivência com a diversidade em sala de aula.

> [119] Uma educação que "chame o aluno para perto", que o inclua nas atividades a serem desenvolvidas. (1ºB-16)
> [120] Uma educação que privilegia a diversidade cultural. (1ºB-12)
> [121] Fazer da aula uma forma de unidade entre os alunos. Compartilhando conhecimento, fazendo com que haja crescimento em todos os aspectos. (1ºB-2)
> [122] Educação voltada para a valorização das diferenças, pondo abaixo as desigualdades. (4ºB-32)
> [123] Aquela que respeita as diferenças e habilita o aluno a ser incluído na sociedade. (4ºB-13)
> [124] Uma educação que tenha como projeto envolver os alunos de maneira que eles sintam que realmente fazem parte, não sendo apenas coadjuvantes. (4ºB-12)

Dessas representações decorrem duas reações que elegemos significativas. A primeira, referente ao primeiro bloco de respostas, consideramos danosa, por classificar os indivíduos e por fomentar a regulação de critérios de normalidade. A segunda, que consideramos positiva, por apresentar a noção de flexibilização da ação pedagógica.

Em todas essas respostas foi possível apreender não somente a retomada e a reprodução de significados cristalizados, mas também a referência tanto à representação simbólica desses conceitos quanto à ação de transformação dessas práticas, tão necessária no contexto social e ideológico atual.

2.6. Representações sobre a instituição escolar

Retomando ao estabelecimento dos espaços de interseção entre as teorias do Discurso, do Multiculturalismo, das Representações Sociais e da Pedagogia Crítica, pretendida no início, voltamos à abordagem de McLaren sobre os conceitos básicos da Pedagogia Crítica.

Ao ressaltar a ideologia como base fundante para o estabelecimento de processos hegemônicos, McLaren a define como "produção e representação de idéias, valores e crenças e a maneira pela qual eles são expressados e vividos por indivíduos e grupos" (1997, p. 209).

Trata-se, portanto, de um processo de produção de sentidos e significados, do estabelecimento, segundo ele, de um "modo de ver o mundo, um complexo de ideias, vários tipos de práticas sociais, rituais e representações que tendemos a aceitar como naturais e de senso comum." (*op. cit.*, p. 209).

A ideologia pode consubstanciar estereótipos e, o que é mais grave, fundamentar o preconceito, conceituado por McLaren como

> [...] o prejulgamento negativo de indivíduos e grupos com base em evidências não reconhecidas, não pesquisadas e inadequadas. Como essas atitudes ocorrem com muita freqüência, elas assumem um caráter de consenso ou cunho ideológico que é, muitas vezes, usado para justificar atos de discriminação. (1981, p. 212-213).

No intuito de interpretação do processo de representação a partir das práticas discursivas dos sujeitos-alunos, optamos, como já afirmado anteriormente, pela metodologia do questionário não estruturado, de perguntas abertas, bastante cabível ao estudo das representações sociais, e que permitiu a obtenção de um discurso que funciona pela modalidade da representação do mesmo, ou seja, de um discurso ideológico dominante e pela modalidade de resistência, isto é, pela tensão entre o que já está posto e pelo desejo de transformação.

Partindo das reflexões e discussões apresentadas no decorrer desta pesquisa, podemos dizer que o sujeito-alvo desta pesquisa deve ser entendido como um sujeito produtor de discursos e de sentidos, que não são únicos, posto que o discurso está sempre relacionado a um discurso-outro, assim como um sujeito não totalmente assujeitado, como o apresentado por Althusser, posto que é um sujeito capaz de resistir às ideologias.

Para o autor, os significados nunca são evidentes por si sós. A construção de significado é processual e altamente subjetiva. "O poder simbólico, assim, é exercido por quem transmite e por quem interpreta as mensagens em um campo relativamente aberto de significação" (*op. cit.*, p. 162).

Como mediadora da realidade simbólica, a instituição escolar é também um lugar de "luta ideológica, em que as consciências políticas podem ser constituídas, mas também alteradas" (CARDOSO, 2003, p. 52). Nela, os participantes do contrato didático – professores e alunos – podem reagir criticamente ao discurso do poder. A reação e a resistência ao instituído podem ocorrer por meio de uma crítica (positiva ou negativa) às metas propostas pela instituição, aos seus objetivos, aos conteúdos aplicados em sala de aula, ao corpo docente e, por extensão, a tudo e todos que integram o contrato didático.

De acordo com Cardoso, o discurso

> não reflete a realidade exterior, nem é o "porta-voz" da realidade, mas ele mesmo é a realidade. Constituído de signos, o discurso é material. A "encenação" onde se dá o discurso na escola não é uma máscara do "real", mas uma de suas formas, estando esse real investido pelo discurso. (CARDOSO, 2003, p. 52-53).

Na seleção dos recortes que constituem esta investigação, as práticas discursivas sobre a instituição escolar corroboram um tipo de discurso abordado por Passegi (1998): o discurso das representações sociais que verbaliza representações de valores, atitudes, hábitos e comportamentos enquanto forma de conhecimento, socialmente elaborada e compartilhada.

Vejamos os recortes das seguintes formulações:

> [125] [Enxergo a instituição escolar atual] como uma instituição séria, em que o aluno é valorizado e respeitado. Onde há excelentes professores, extremamente capacitados para o exercício de suas aulas. (3ºB-2)
>
> [126] Um lugar que precisa de maiores cuidados, dentre os quais: maior participação da comunidade, professores mais preparados e melhor infraestrutura. (4ºB-14)
>
> [127] A Educação no Brasil, principalmente, a pública, está repleta de instituições insatisfatórias. A Educação nem de longe é uma prioridade para o governo. É necessário reverter essa situação. (1ºB-5)

Os alunos retomam as representações sociais de instituição escolar que circulam na nossa sociedade. Passegi (1998) coloca que este tipo de discurso não é, normalmente, assumido como opinião individual, mas como opinião pública.

Os estudos do autor mostram-se pertinentes para esta investigação, no sentido de possibilitar a observação de regularidades de dizeres no discurso que circula no contrato didático.

Os recortes acima nos mostram que os dizeres que o constituem estão inseridos em um contexto linguístico no qual é possível se apreender a relação entre esse dizer e aquilo que deve ou pode ser dito em uma situação dada.

Vale lembrar que, de acordo os postulados da AD, podemos, imaginariamente, construir a unidade dos discursos que circulam nas instituições, mas a dispersão do discurso se manifesta no real dos contratos estipulados pelas mesmas.

Não podemos descartar a capacidade dos indivíduos de negociar os discursos e as representações oferecidas pelas instituições. Não podemos subestimar a capacidade de contestação dos indivíduos, sua capacidade de pensar independentemente e de criar, ao invés de simplesmente reproduzir ou modificar modelos propostos por uma elite. Os indivíduos, até certo ponto, escolhem, combinam e fazem circular as representações enquanto interagem em seu cotidiano e, agindo dessa forma, estão, também, produzindo significados e exercendo uma espécie de poder: o de retransmitir um determinado significado simbólico

Estamos tendo a oportunidade de observar a ressonância do discurso da instituição escolar no discurso dos sujeitos-alunos à medida que vamos examinando as práticas simbólicas e as representações que emergem de suas formulações.

Acreditamos, a partir dos recortes estudados, que a prática discursiva estabelecida pelos sujeitos alunos indica a manutenção e a "tomada da palavra" como um processo importante no monitoramento do contrato didático.

Vale esclarecer que, ao responder a pergunta: Como você enxerga a instituição escolar atual?, alguns respondentes confundiram a instituição escolar, em seu sentido amplo, com a instituição em que estudam.

A título de exemplo, trazemos alguns desses recortes. Escolhemos formulações produzidas por alunos das quatro séries pesquisadas para fazer a demonstração, pois entendemos que tais considerações são de grande importância para os propósitos desta pesquisa além da contribuição que podem oferecer a possíveis transformações da escola.

> [128] As instituições escolares em seu modelo atual têm sofrido muito descaso e falta de atenção das autoridades e passam por um processo de desvalorização perante a sociedade. (1ºB-17)

[129] Eu a enxergo um pouco fraca. Analiso pontos em que poderiam ser melhores: professores mais capacitados e interessados, assim, fazendo com que seus alunos também o sejam. (1ºB-15)
[130] Antiquada. É mais provável que as instituições e os educadores tenham muita dificuldade em aplicar ao cotidiano algo pontualmente evolutivo. O mais que provável seria que a negligência é proposital. (1ºB-8)
[131] Enxergo com olhos cansados de sempre ver a mesma coisa. Não que seja de todo ruim, mas é sempre o mesmo. O mundo se renova, e creio que o ensino deveria seguir as renovações. (1ºB-4)
[132] Enxergo as instituições escolares (principalmente públicas) hoje com grandes responsabilidades, extremamente sobrecarregadas e, portanto, perdidas em tantas discussões em prol de sua melhoria. (3ºB-4)
[133] Um ambiente mal explorado, na maior parte do tempo, com professores que ignoram o saber prévio do aluno. Salvo as exceções. Falta integração entre todos os funcionários da escola. É preciso explorar muito mais as técnicas de prática de ensino. (3ºB-11)
[134] De modo geral, a escola está defasada pela falta de incentivo político e, principalmente, social. Os meios de comunicação em massa fazem lavagem cerebral desde que nascemos, apresentando valores deturpados, que refletem no desinteresse dos alunos pela educação. (3ºB-16)
[135] Enxergo da seguinte forma: alunos que vão à escola para fazer amigos, caçoar de professores e concluir o ensino médio; menos aprender. Da mesma forma, professores (nem todos) que fingem que ensinam e alunos que fingem que aprendem. (3ºB-19)
[136] Enxergo de forma boa, em todos os aspectos, visto que a gestão está de acordo com o que espero. Há limpeza e cuidado com os materiais e equipamentos e, também, houve

> diminuição das mensalidades, o que torna o valor mais acessível. (3ºB-8)
> [137] Tendo como base o Curso de Letras, eu acho que decaiu bastante. Alguns professores não são tão comprometidos, deixando a desejar. (4ºB- 9)
> [138] Grosso modo, ela está desatualizada em relação aos anseios dos jovens de hoje. Assim, acaba não exercendo o papel de formação intelectual do aluno. (4ºB-12)
> [139] Enxergo como uma instituição que, devido às mudanças sociais, políticas e econômicas do país, está perdida, tentando reencontrar seu rumo, sua missão, com muitas e grandes dificuldades para isso. (4ºB- 17)
> [140] É uma instituição precária, carente de bons professores. A sociedade atual exige maior flexibilidade dos docentes sem que percam a capacidade de transmitir, adequadamente, conhecimentos aos alunos. (4º B-37)

Retomamos Pêcheux (1975) para reafirmar que "analisar o discurso é fazer desaparecer e reaparecer as contradições; é mostrar o jogo que jogam entre si". As práticas discursivas exemplificadas são demonstrações claras dessa contradição de que fala Pêcheux. Os sujeitos-alunos fazem uma crítica negativa da instituição escolar e, na ilusão de serem senhores todo-poderosos de seu dizer, não se dão conta, em razão do assujeitamento produzido pela ideologia, de que estão, contraditoriamente, contribuindo para a circulação de um discurso outro que se quer dominante: o da falência da Educação.

Não nos cabe, aqui, discutir as razões desse querer. Só nos cabe, demonstrar que esse discurso circula e tem seu lugar de propagação mais importante no próprio contrato didático.

Reafirmamos, pelas formulações descritas acima, que o discurso que circula no contrato didático é ideológico.

Na seleção dos recortes que constituem este *corpus*, a tomada da palavra pelo sujeito-aluno foi nos chamando a atenção, pois tomar a palavra é um ato social que tem suas implicações. Consideramos que através das práticas discursivas os alunos buscam um meio de lidar com um mundo para o qual as regras e os valores para a Educação não mais parecem relevantes.

Podemos afirmar que o discurso dos alunos não é mera transmissão de informações, nem simples atos de dizer. Esses discursos evocam uma exterioridade à linguagem – a ideológica e a social. Por meio dessas formulações podemos confirmar o caráter tridimensional do discurso: sua intersecção entre o linguístico, o histórico e o ideológico.

Há nessas formulações um desejo de verdade científica necessário para as condições de existência atual desses sujeitos.

Consideramos que o ato de tomar a palavra é um ato tenso, pois social e ideológico. A tomada da palavra, segundo Foucault, jamais representa um gesto ingênuo, pois sempre está ligado a relações de poder.

"O discurso não é simplesmente aquilo que traduz as lutas ou os sistemas de dominação, mas aquilo por que, pelo que se luta, é o poder do qual nos queremos apoderar", já diria Foucault (1998, p. 10).

A formação de um discurso está baseada em um princípio constitutivo: o dialogismo. Os discursos vêm ao mundo povoados por outros discursos com os quais dialogam. Esses discursos podem estar dispersos pelo tempo e pelo espaço, mas se unem por que são atravessados por uma mesma regra de aparição: uma mesma escolha temática, mesmos conceitos, objetos, modalidades ou um acontecimento. Por isso que o discurso é uma unidade na dispersão.

Tendo como ponto de apoio para a investigação a perspectiva fundada por Pêcheux (1975), concebemos o discurso dos sujeitos-alunos, em sua totalidade, como caminhos de uma contradição a outra, ou seja, ao darem lugar ao que vemos em suas formulações, os mesmos estão obedecendo à ideologia que ocultam. Esses discursos sobre a instituição escolar dizem muito mais do que seus enunciadores pretendiam, pois "a multiplicidade de sentido é inerente à linguagem", esclarece Orlandi (1996c, p. 20).

Sob a perspectiva da AD, a representação produz sentidos nos discursos em contextos sócio-históricos e ideológicos. Por serem resultantes de convenções sociais, os signos não podem ser fixados. Por serem arbitrários, estão sujeitos à história. A partir dessa relação, a AD entende a representação como uma forma de atribuição de sentidos fortemente ligada às relações de poder.

Uma abordagem discursiva nos permite identificar quais os efeitos e consequências das representações. Analisar o papel dos discursos em nossa sociedade nos permite examinar não somente como a linguagem e a representação produzem significados, mas, também, como um conhecimento produzido por um determinado discurso está articulado a sistemas de poder que regulam nossa conduta, como ele nos constitui em sujeitos e de que maneira define o modo pelo qual determinadas coisas devem ser representadas.

Como afirma Hall (1997) e também a AD, essas representações estarão ligadas a outros significados já constituídos anteriormente a partir do interdiscurso – o que é fundamental para entendermos o processo de significação que possibilitou a circulação dessas representações.

Acontece que até mesmo essas memórias usadas para interpretar o discurso pedagógico estão inscritas dentro de uma ideologia e podem, ao serem invocadas, dotar as mensagens da instituição escolar de credibilidade, pois, segundo Chauí (2000, p. 94) toda forma de ideologia retira sua força de procedimentos que transformam "as idéias da classe dominante em idéias universais de todos e para todos os membros da sociedade" e que fazem "com que só sejam consideradas válidas, verdadeiras e racionais as idéias da classe dominante". De acordo com a autora,

> [...] Para que todos os membros da sociedade se identifiquem com essas características supostamente comuns

> a todos, é preciso que elas sejam convertidas em idéias comuns a todos. Para que isto ocorra é preciso que a classe dominante, além de produzir suas próprias idéias, também possa distribuí-las, o que é feito, por exemplo, através da educação, da religião, dos costumes, dos meios de comunicação disponíveis. (CHAUÍ, 2000, p. 94).

As instituições assentam sua forma de significação nessas premissas relatadas, o que lhes garante legitimidade. Assim, os discursos dos alunos assemelham-se a ilusões ideológicas, mas em função da relação dinâmica entre a instituição escolar e os alunos, os sujeitos podem ou não reconhecer, confirmar e ajudar a perpetuar esses discursos.

É pensando a relação dos discursos dos sujeitos com a ideologia, com o interdiscurso, que julgamos necessário compreender como é que essa realidade do mundo exterior surge no interior dos discursos dos alunos e de que forma esses discursos criam seu próprio sentido e se tornam capazes de significar. Isto implica compreender como é que eles significam e o faremos por meio de nosso gesto interpretativo.

3 Gesto interpretativo

Para iniciarmos nosso gesto interpretativo dos enunciados formulados pelos sujeitos-alunos-futuro-professores, apresentamos a abordagem dada por Rosaldo[16] a respeito da relação entre o real e as representações. O autor nos alerta que

> conceitos tais como si-mesmo e sentimento se desenvolvem não de uma essência interior relativamente independente do mundo social, mas da experiência em um mundo de significados, imagens e ligações sociais, nas quais todos estão inevitavelmente envolvidos. (ROSALDO, 1984, p. 139)

É no texto que encontramos a representação do discurso. O conjunto de palavras e ideias deixa de ser texto para se tornar discurso quando o analista focaliza as marcas que o processo de enunciação deixa-o desvelar na materialidade linguística do texto.

3.1. A interdição do discurso

O discurso sofre coerções segundo a instituição em que circula, o que leva determinados dizeres a serem silenciados.

16 ROSALDO, M. "Toward an antropology of self and feeling" apud MOITA LOPES, L. P. 2002, p. 94.

Segundo Foucault (1996), a interdição do discurso é um procedimento que funciona como controle do dizível, através de uma relação de poder e de saber estabelecida no contrato didático.

Numa instituição escolar, qualquer enunciado produzido por um professor é colocado em um contrato que lhe credita o lugar de detentor do saber: "o contrato de fala que o liga ao aluno" (CHARAUDEAU, 1983, p. 55). Por esse contrato não é permitido ao professor "não ser possuidor do saber", já que ele é antecipadamente legitimado. Na visão de Orlandi (1996b), esse contrato determina dois lugares: o lugar do professor (aquele que sabe – a autoridade) e o lugar do aluno (aquele que não sabe – o tutelado).

Em consequência, certos dizeres são silenciados pela instituição. O que não pertence ao universo do dizível permitido tende a ser silenciado, tal como ilustra o recorte a seguir:

> [141] Acho que o que eu posso dizer é que devo ser um profissional capacitado e empenhado a dar o meu melhor. Pelo menos é o que a gente aprende que tem de dizer. (4ºB-36)
> [142] Não há sintonia. O que impede é a falta de atualização dos professores. Eu não devia ter dito isto, né? (4ºB-28)
> [143] O bom educador é compreensivo e reciclado, perdão, atualizado. (1ºB-1)

Algumas posições, a quem não é delegada a autoridade, não têm o seu dizer reconhecido, e, este é, na maioria das vezes, silenciado.

Ao contrário do que acredita o senso comum, há sentido no silêncio e ele é pertinente a qualquer gesto interpretativo.

Por seu caráter político, o silencio pode ser considerado "tanto como parte da retórica da dominação (a da opressão) como de sua contrapartida, a retórica do oprimido (a da resistência)", afirma (ORLANDI, 1992, p. 31).

A partir da fala de Orlandi, compreendemos que, ao suspender ou omitir algum dizer em suas respostas, os alunos o fizeram ou por estarem assujeitados – o que acreditamos ter acontecido em grande parte das respostas –, ou resistindo às normas do contrato – momento em que representam a instituição escolar como "fracassada".

A AD aborda os mecanismos de funcionamento dos discursos. Esses mecanismos são chamados de formações imaginárias, segundo as quais o que funciona em um discurso são as imagens que resultam de projeções. Um deles é pela relação de sentidos, segundo a qual os discursos apontam para outros que os sustentam. Outro mecanismo diz respeito à antecipação, ou seja, todo sujeito pode colocar-se no lugar de seu interlocutor, a fim de antecipar o sentido que suas palavras produzirão em seu ouvinte.

Desse processo faz parte o complexo de formações imaginárias que Pêcheux (1990, p.83) exemplifica da seguinte forma:

> [...] Quem sou eu para lhe falar assim?
> [...] Quem é ele para que eu lhe fale assim?
> [...] Quem sou eu para que ele me fale assim?
> [...] Quem é ele para que me fale assim?

A organização inconsciente do discurso resulta de formações imaginárias. Na prática discursiva, são as imagens que constituem as diferentes posições que o sujeito pode ocupar no momento da enunciação.

Um exemplo característico dos mecanismos abordados por Pêcheux e descritos acima, pode ser observado no recorte abaixo, onde P = pergunta e R= resposta do aluno.

P: Que papel você deverá desempenhar como profissional?
R: Muitos ou nenhum. Devo ensinar como professor. Os meus alunos aprenderão o que vierem a aprender.

P: Como formar professores compromissados com seus alunos?
R: Selecionar melhor; adotar alguma filosofia direcionada para ter algum critério, mesmo. Algo que possa ser alterado, e deve ser; ser mais íntegro. Se é que me entende.

P: Como você enxerga o seu futuro aluno?
R: Não o enxergo antes de vê-lo.

P: Acrescente outras questões, preocupações ou sugestões que você julga merecerem ser discutidas.
R: Questões reais. Gostaria de ver discutidas as questões reais; aquelas que todos têm vergonha de discutir. (1ºB-8)

Institucionalmente, há um controle que visa a disciplinar esse jogo imaginário e que não permite ao sujeito ocupar qualquer posição no discurso. No recorte anterior, o aluno rompe com o poder controlador desse jogo e discursa de uma posição-sujeito de resistência. Sabedor de que seu dizer pode repercutir no ambiente escolar, o aluno se apossa de uma autoridade que lhe foi conferida por meio da pesquisa, para fazer com que suas palavras produzam o efeito desejado. Dito de outra forma, o aluno, por resistir ao discurso da norma e pelo mecanismo da antecipação, faz com que seu discurso circule, para ser reconhecido como legítimo, o que, em outra situação, seria silenciado pelo contrato didático.

Como afirma Fairclough,

> But the effectiveness of resistance and the realization of change depend on people developing a critical consciousness of domination and its modalities, rather than just experiencing them. (FAIRCLOUGH, 1989, p. 4)[17]

---

17 "Mas a eficácia da resistência e a realização da mudança depende de as pessoas desenvolverem uma consciência crítica sobre a dominação e suas modalidades, mais do que apenas experienciá-las." [tradução nossa]

O desenvolvimento de uma consciência crítica a respeito das modalidades de dominação nem sempre é possível, em virtude do assujeitamento e de sua proposta de identificação.

3.2. As normas identificatórias

Na enunciação estão presentes as normas identificatórias que determinam o universo do dizível para uma posição-sujeito.

A partir do questionário, a pesquisadora introduz uma temática: O papel que o sujeito-aluno-futuro-professor deverá desempenhar como profissional.

O sujeito-aluno-futuro-professor, em um processo de reatualização do dizer de seus professores no decorrer de sua vida acadêmica, responde:

> [144] Papel de educador, que é aquele que ensina, mas também aprende com os alunos; aquele que está sempre reciclando seus conhecimentos e trata a todos com respeito. (3ºB-8)

Tal representação de profissional da Educação conduz claramente à imagem propagada no contexto social: um professor que deve ser, além de professor, um educador; alguém que está sempre preocupado com questões da Educação, atualizado e respeitoso.

Da mesma maneira, outros alunos reafirmam a imagem:

> [145] O papel de educar e não só de ensinar, pois o professor deve atuar como educador, orientando e tendo uma visão mais ampla do seu aluno. (3ºB-2)
>
> [146] Deverei saber muito e tentar aprender cada vez mais sobre os conteúdos que terei de ensinar e sobre o que está vinculado à minha área. (3ºB-10)

> [147] Eu deverei ser um professor atento e aberto às críticas, para desenvolver o meu trabalho com competência e dedicação. (4ºB-33)
> [148] O meu papel será, *se Deus quiser*, formar cidadãos letrados, ou seja, educadora e formadora de cidadãos conscientes e participativos. (1ºB-2) [grifo nosso]

As representações sobre o papel do professor conduzem às imagens de que tal atitude simbólica é qualificativa dos papéis a serem desenvolvidos e assegurados no contrato didático. Acreditamos que o esforço dos alunos no sentido de disseminar práticas discursivas a favor da Educação é um exemplo de sua constituição pelo discurso pedagógico.

Outros respondentes relatam sua posição pessoal quanto ao seu papel profissional, mas com um deslize de sentido. Seus discursos deslizam para outro sentido, que argumenta na direção de uma possível quebra da imagem de educador proposta pela sociedade, desvelando um possível conflito.

Vejamos:

> [149] Eu preciso *não repetir os erros* que observo. (4ºB-25) [grifo nosso]
> [150] *Muitos. Ou nenhum.* Devo ensinar, como professor, meus alunos a aprenderem o que eles vierem aprender. (1ºB-8) [grifo nosso]
> [151] *É muito delicado falar sobre isso.* Ainda não tenho uma conclusão formada quanto a isso, mas sonho com o receio de um choque com o mercado real. O bom resultado vem da soma do interesse do aluno mais a postura do professor. Mas o mestre é quem deve saber que é ele quem conduz a "sua sala". (3ºB-13) [grifo nosso]

Linguisticamente podemos notar o deslocamento de sentidos sobre a representação de educador e, discursivamente, o atravessamento de outras formações discursivas que apontam, nas formulações acima, para a heterogeneidade.

Alguns enunciados nos chamaram a atenção pela recorrência da adversativa *mas*, cuja função linguística é a de estabelecer uma relação de contraste entre duas orientações argumentativas, em que a segunda se impõe sobre a primeira. Discursivamente, além de sinalizar imagem de contraste, a adversativa *mas* é utilizada pelo sujeito como uma estratégia discursiva de tomada da palavra e argumentação em sua direção.

Esse contraste marcado pela tensão entre direções argumentativas contrárias gera um deslize de sentido: de um lado, "Ainda não tenho uma conclusão formada quanto a isso", de outro, "mas sonho com o receio de um choque".

Pelo contrato didático, espera-se que determinadas posições-sujeito, como a dos alunos, se assujeitem à representação que o discurso autorizado faz de "educador". Mas esse saber é suspenso, à medida que o conflito é desvelado.

> [152] Educador é aquele que tem compromisso em ensinar pela consciência da motivação que deverá ter para passar seus conhecimentos, suas idéias. Mas qual a motivação que você tem para exercer sua profissão diante das dificuldades que a realidade apresenta? Pois só podemos convencer alguém daquilo que acreditamos. (1ºB-13)

Entendemos que a representação acima aponta para o equilíbrio entre o que é proposto pelo discurso autoritário do contrato didático e o assujeitamento. Porém, o sujeito-aluno ao desvelar o conflito põe em jogo outra significação a partir do discurso do mundo real. Nesse caso, não é a conjunção adversativa *mas* que é ideológica e que revela o sentido e sim o modo como ela funciona. Como afirma Orlandi (1996), a utilização da adversativa indica uma relação de x ou de y com a ideologia.

Ao enunciar *mas*, o sujeito do discurso faz com que dois dizeres se oponham e se relacionem diferentemente com a formação discursiva dominante, sem rompê-la completamente.

O enunciado tomado como exemplo indica uma relação de explicação com uma possível proposição implícita: a falta de motivação para ser um bom profissional.

O aluno explica a impossibilidade de haver uma motivação, mas ele não diz: não há motivação. Percebe-se, assim, que o *mas* desempenha duplo papel: relaciona contrastivamente dois enunciados e contribui para a organização do discurso.

Confirma-se, assim, que um indivíduo na posição-sujeito de resistência ao discurso legitimado foge aos rituais propostos fazendo com que os sentidos deslizem para o que não pode e não deve ser dito, conforme Foucault, em uma situação enunciativa determinada, como neste caso, a estabelecida pelo contrato didático.

Outro funcionamento discursivo que nos chamou a atenção foi a condução do discurso pela repetição. Pela repetição constata-se o engajamento dos sujeitos alunos no ritual que constitui o sujeito como pertencente à instituição.

Em respostas às perguntas relacionadas à instituição, ao papel do professor, aos alunos especiais e outros, constatou-se o assujeitamento pela repetição. Vê-se não apenas a repetição dos enunciados, mas enunciados que foram feitos para serem repetidos, como por exemplo, "o educador não é apenas um transmissor de conhecimento", ou, "educação inclusiva é a que dá oportunidade a alunos com quaisquer problemas que obstruam o processo de aprendizagem", ou, ainda, "educador é aquele que ama, zela e preza seu aluno; que não está focado só em ensinar, mas em trocar experiências".

Esses são enunciados que repousam sobre um repetível que está na memória do dizer constituída historicamente. Nesse sentido, os alunos, ideologicamente, colocam-se como mediadores entre o fato histórico-social e o dado a conhecer.

O exercício do repetível instaura um dizer que, pelo trabalho pedagógico, é aprendido como um sentido estabilizado. A esse respeito, Bourdieu e Passeron (1992) fazem a seguinte ponderação:

> O trabalho pedagógico tem por efeito produzir indivíduos modificados de forma durável, sistemática por uma ação prolongada de transformação que tende a dotá-los de uma mesma formação durável e transferível (*habitus*), isto é, de esquemas comuns de pensamento, de percepção, de apreciação e de ação. (BOURDIEU & PASSERON, 1992, p. 206).

Como já especificado, na materialidade linguística dissimula-se a pluralidade de sentidos a favor de um sentido socialmente estabilizado. Ocorre que nem sempre a identificação com a norma é perfeita, ou seja, o sujeito pode resistir à interpelação. O sujeito, então, mostra-se em sua dispersão, atravessado por múltiplos discursos. Ao mesmo tempo em que o sujeito-aluno marca o seu discurso ao lado do discurso instituído, deixa emergir um discurso contraposto que marca a diferença.

Pela instauração de um espaço de diferença, o sujeito-aluno e futuro professor constrói seu lugar próprio.

O gesto de resistência materializa-se, em nosso *corpus*, no efeito gerado no dizer de "outras questões, preocupações ou sugestões que não foram abordadas pelo questionário ou que você gostaria de ver discutidas"[18].

Já que não possui autoridade para fazer seu discurso circular no contrato didático, o sujeito-aluno busca impor, pela possibilidade que lhe foi dada, o seu dizer, como veremos a seguir:

> [153] Qual é o grau de importância e o que é feito para que o aluno tenha voz e vez dentro da instituição, para melhoria no ensino superior? (4ºB-34)

18 Estamos nos referindo à última parte do questionário, na qual os alunos são livres para dar sugestões.

[154] Seria interessante discutirmos se o indivíduo que está se formando como educador se sente realmente preparado para enfrentar o magistério. (3ºB-6)
[155] Avaliar o nível das aulas.(4ºB-25)
[156] O que é necessário para se obter didática? Por que não se usa tudo o que se aprendeu na faculdade na sala de aula? (4ºB-2)

Uma interpretação possível, mas não a única, sugere, em primeiro lugar, um descontentamento em relação à voz que é dada ao aluno pela instituição. Sugere também como as estruturas sociais determinam os discursos, o modo pelo qual a ordem dos discursos é estruturada e como se constituem as relações de poder.

Uma segunda interpretação possível tem a ver com o efeito de sentido provocado pelas formulações citadas: uma crítica aos professores, que são responsáveis pela maior parte do que acontece dentro da sala de aula.

No recorte, podemos observar dizeres que fogem às regras do contrato, ao ritual estabelecido e, de acordo com as noções de formações imaginárias concebidas por Pêcheux (1975), parecem estar silenciados.

A instituição escolar, por meio do contrato didático, não permite que circulem sentidos estranhos aos seus. Assim, a posição-sujeito vinculada à resistência tende a ser silenciada e a instituição escolar continua a exercer seu papel de regulamentar o dizer.

No interior da instituição escolar existem relações de contradição, de desigualdade e de subordinação que interferem, de modo desigual, na luta ideológica e nas relações de produção. A essas relações Fairclough (1989) chamou de *Power relations*. Segundo o autor:

> There are power relations between social groupings in institutions [...] Power relations are always relations of

> struggle, using the term in a technical sense to refer to the process whereby social groupings with different interests engage with one another. [...] Social struggle occurs between groupings of various sorts – for example dominating and dominated groupings in social institutions. Social struggle may be more or less intense and may appear in more or less overt forms, but all social developments, and any exercise of power, take place under conditions of social struggle. (FAIRCLOUGH, 1989, p. 34-35).[19]

Ainda, para o mesmo recorte sobre as preocupações e sugestões dos alunos, vislumbramos uma terceira possibilidade de interpretação. Parece-nos que os alunos estão dizendo: "se vocês prestarem atenção verão outros sentidos em nosso discurso". Que outros sentidos estariam, então, sendo mobilizados por esses enunciados?

Interpretamos, num quarto viés do gesto interpretativo, que esses sujeitos-alunos visam a levar o "outro" à perceber a necessidade de melhorar, de corrigir o processo. Tal efeito ganha ênfase na seguinte materialidade linguística: "[...] o que é feito para que o aluno da FSA tenha voz e vez dentro da instituição, para melhoria no ensino superior?".

Nesse sentido, o aluno busca suspender o efeito do discurso do contrato didático que insiste em silenciá-lo e resiste ao que não pode e deve ser dito, sustentando, desta maneira, a posição-sujeito que sustenta seu discurso. O dizer desse aluno aponta para o conflito entre posições ideológicas.

---

19 "Há relações de poder entre agrupamentos sociais nas instituições. [...] Relações de poder são sempre relações de luta, utilizando o termo em sentido técnico para fazer referência ao processo pelo qual grupos sociais com interesses diferentes se engajam uns com os outros. [...] A luta social ocorre entre grupos de diversos tipos – por exemplo, grupos dominantes e dominados em instituições sociais. A luta social pode ser mais ou menos intensa e pode aparecer de formas mais ou menos evidentes, mas todos os desenvolvimentos sociais, e qualquer exercício de poder, ocorre sob condições de luta social." [tradução nossa]

Nosso gesto interpretativo remete as práticas discursivas dos sujeitos-alunos às determinações históricas. Foucault (1996, p. 43), porém, nos alerta sobre o fato de que "todo sistema de educação é uma maneira política de manter ou de modificar a apropriação dos discursos, com os saberes e os poderes que eles trazem consigo". Com isto, Foucault também evidencia o fato de as formações discursivas materializarem-se e sustentarem-se historicamente.

Pela nossa observação, há sujeitos-alunos que assumem, no mesmo recorte, duas posições-sujeito: uma que se assujeita ao discurso e outra que resiste a ele.

A análise do *corpus* evidenciou que o sujeito-futuro-professor fala de uma posição-sujeito que aponta para uma determinada formação ideológica. Porém, sua posição desliza e ao fazê-lo este sujeito se divide, permitindo que outra posição-sujeito apareça em seu discurso: a posição de resistência ao universo do dizível do contrato didático.

O objeto de análise também ressalta a existência de uma posição-sujeito com a autoridade, ideologicamente a ele conferida pela pesquisa, para romper o contrato didático e expor o seu dizer, na ilusão de que o controla e de que é sua origem. Esses enunciados buscam interromper o silencio marcado pelo discurso institucional e marcar outro discurso que se opõe à coerção. Esse discurso que emerge no dizer dos alunos em várias situações diferentes é o exemplo de que, embora ideologicamente constituídos pelo discurso pedagógico, os alunos não são totalmente por ele assujeitados.

Podemos dizer que assumir uma posição-sujeito é essencialmente uma questão de "fazer" ou "não-fazer" determinadas coisas, ou seja, de "dizer" ou "não-dizer" aquilo que é permitido em um determinado tipo de discurso, em consonância com os direitos e obrigações atribuídos ao sujeito do discurso.

Considerações finais

Buscou-se discutir neste trabalho acerca da função da linguagem, sua importância para a comunicação, para a atuação do homem na sociedade e como meio de interação social que viabiliza a consciência crítica. Salientou-se também a relevância do estudo da língua/linguagem em funcionamento, já que o sujeito está intrinsecamente ligado à linguagem e às práticas sociais e é justamente essa relação que determina o papel da linguagem nos diferentes contextos sociais.

Por essa razão, procurou-se mostrar uma abordagem teórica sucinta da AD, uma vez que ela se propõe a refletir e analisar a linguagem como mediadora entre o homem e o meio social e que, por isso, tem como foco o próprio discurso, analisando aspectos que vão além da frase e procurando compreender aquilo que está dito e não-dito em um determinado dizer.

Nesse sentido, a partir dos aspectos teóricos discutidos, acredita-se que a AD vem contribuindo essencialmente para os estudos linguísticos, bem como para a compreensão de discursos produzidos e padronizados pela sociedade por ser uma teoria que busca compreender a multiplicidade de sentidos nos discursos.

Para concluir, é preciso lembrar a importância do contexto histórico, do qual emerge o processo de produção de sentidos a partir das práticas discursivas. É ele que dá sustentação e propicia o desenvolvimento dos estudos a respeito de tal produção.

Considerar que a produção de sentidos é uma força poderosa para a vida em sociedade e tentar entender como se dá sentido aos eventos do cotidiano, entender que a questão do sentido não pode ser respondida somente no espaço delimitado pela língua, e começar a questionar a produção do conhecimento, é abrir caminho para uma proposta de novas investigações.

Pelo questionamento e análises apresentados nesta pesquisa, pode-se concluir que o sentido é uma construção coletiva, um empreendimento social e interativo, por meio do qual os alunos do Curso de Letras – futuros professores – construíram, na dinâmica desta relação social historicamente marcada com esta pesquisadora, os termos a partir dos quais compreendem e convivem com as situações a sua volta dentro do contexto institucional do Centro Universitário do qual são parte integrante. Foram discutidos pressupostos e conceitos imprescindíveis para que se pudesse apreender o funcionamento do discurso desses alunos e como ocorre a produção de sentidos em seu cotidiano escolar.

Ao dar luz ao discurso desses alunos foi possível a observação da especificidade diante do global.

Foi pela ruptura das atividades habituais desta pesquisadora junto a esses alunos que se tornou possível dar visibilidade aos efeitos de sentidos produzidos a partir de suas respostas ao questionário. Esta foi, precisamente, a estratégica central desta pesquisa. As perguntas constantes do questionário, a princípio, parecem focalizar um ou mais temas que, para os alunos, nunca tenham sido alvo de reflexões, mas que poderão geram práticas discursivas diversas.

Contudo, é preciso lembrar que a linguagem é ação e como tal produz consequências com poder de provocar mudanças. Certas interpretações são encorajadas, isto é, são as que querem que os sujeitos as produzam. Certamente porque servem aos propósitos do grupo dominante e não dos dominados. Assim, algumas interpretações foram previsíveis, o que reforça ainda mais as práticas ideologicamente dominantes.

Nesta pesquisa, como analista dessas práticas discursivas, procurou-se estudar a dimensão do uso da linguagem, trabalhando na tentativa de demonstrar o jogo de posicionamentos entre os sujeitos e o uso que fazem dos repertórios interpretativos de que dispõem. Trabalhar desta forma, implica retomar a linha da história, de modo a entender os discursos que utilizamos para dar sentido ao mundo.

A necessidade de compreender os efeitos de sentido provocados pelas práticas discursivas analisadas considerou tanto as regularidades como, principalmente, as rupturas históricas, pela identificação do velho no novo e vice-versa. Como resultado, encontrou-se um modo de explicitar o modo de funcionamento dos discursos e demonstrar a tensão entre o universal e o particular, entre o consenso e a diversidade, sempre com o objetivo de oferecer uma ferramenta útil que possibilite equacionar possíveis distúrbios no contrato didático.

Por meio desta pesquisa, está feito o convite a todos os participantes desse contrato à produção de novos sentidos.

Referências

AUTHIER-REVUZ, J. Heterogeneidade(s) Enunciativas(s). In: *Cadernos de Estudos Linguísticos*, Campinas, n. 19, 1990, p. 1-179.

__________. Enunciação e Metaenunciação – Heterogeneidades Enunciativas e Problemáticas do Sujeito. In: AUTHIER-REVUZ, J. *Palavras Incertas:* As Não-Coincidências do Dizer. Campinas: Editora da UNICAMP, 1998.

ALTHUSSER, L. *Posições* I. Rio de Janeiro: Edições Graal. 1978.

__________. *Ideologia e Aparelhos Ideológicos de Estado*. Lisboa: Presença, 7. ed. Rio de Janeiro: Edições Graal, 1998.

BRANDÃO, Helena. H. Nagamine. *Introdução à análise do Discurso*. Campinas: Editora da UNICAMP, 1997.

__________. *Subjetividade, Argumentação, Polifonia* – A propaganda da Petrobrás. São Paulo: Fundação Editora da UNESP, 1998.

BOURDIEU, P. & PASSERON, J.C. *A reprodução:* elementos para uma teoria do sistema de ensino. 3. ed. Trad. Reynaldo Bairão. Rio de Janeiro: Francisco Alves Editora, 1992.

BOURDIEU, P. *A economia das trocas linguísticas:* o que falar quer dizer. Trad. Sérgio Miceli (et.al.). São Paulo: USP, 1996.

CANÁRIO, R. (2002). Caminhando e Aprendendo. *S@ber+*, 14 (3), 3-11.

CHARAUDEAU, P. *Language et Discours*. Paris: Hachette, 1983.

CHAUÍ, M. *O que é ideologia*. São Paulo: Brasiliense. Coleção primeiros passos: 13, 2000.

CORACINI, Maria José. As representações do saber científico na constituição da identidade do sujeito-professor e do discurso de sala de aula. In: CORACINI, M.J. (org.) *Identidade e Discurso*. Campinas: Editora da UNICAMP; Chapecó: Editora Universitária, 2003.

COURTINE, J. J. O chapéu de Clementis. In: INDUSRSKY, F. e FERREIRA, M.C.L. (org.). *Os múltiplos territórios da Análise do Discurso*. Coleção ensaios, v. 12, Porto Alegre: Sagra Luzzatto, 1999, p. 15-22.

__________. Definition d' orientations théoriques et methodologiques en analyse de discours. *Philosophiques*, v. 9, n. 2, Paris, 1984.

EDWARDS, R; USHER, R. *Postmodernism and education*. London/ New York: Routledge, 1994.

__________. *Globalization and Pedagogy*. London: Routledge, 2000b.

FAIRCLOUGH, Norman. *Language and Power*. Harlow: Longman, 1989.

FOUCAULT, MICHEL. *A arqueologia do saber*. 3. ed. Rio de Janeiro: Forense-Universitáia, (trad. De L'archéologie Du Savoir, 1969), 1997.

__________. *Microfísica do poder*. Trad. Roberto Machado. Rio de Janeiro: Graal, 1998.

__________. (1971). *A Ordem do Discurso*. Trad. Laura Fraga de Almeida Sampaio, 4. ed. São Paulo: Edições Loyola, 1996/1998.

GERGEN, K. J. *The Saturated Self:* dilemas of identity in contemporay life. New York: Basic Books. Harper Collins Publishers, 1991.

GIROUX, H. A. Towards a Postmodern Pedagogy. In: L. Cahoone (Ed.), *From Modernism to Postmodernism:* An Anthology. Oxford: Blackwell Publishers, 1996.

GRIGOLETTO, Marisa. Processos de significação na aula de leitura em língua estrangeira. In: CORACINI, M. J. (org.) *O jogo discursivo na Aula de Leitura:* Língua Materna e Língua Estrangeira. Campinas: Pontes, 1995, p. 105-111.

__________. Seções de leitura no livro didático de língua estrangeira: lugar de interpretação? In: CORACINI, M. J. (org.) *Interpretação, autoria e legitimação do livro didático*. Campinas: Pontes, 1999, p 79-91.

HALL, S. *Representation: Cultural Representations and signifying practices*. London: SAGE Publications/The Open University, 1997a.

HARGREAVES, Andy. *O Ensino na Sociedade do Conhecimento:* a educação na era da insegurança. Porto: Porto Editora, 2003.

LYOTARD, J. F. *A condição Pós-Moderna*. 2. ed. Lisboa: Gradiva, 1989.

LULL, J. *Media, Communication, Culture* – a global approach. New York: Columbia University Press, 2000.

MOITA LOPES, Luis Paulo da. *Identidades fragmentadas*. São Paulo: Mercado de Letras, 2002.

MAINGUENEAU, D. *Novas Tendências em Análise do Discurso*. São Paulo: Pontes, 1997.

MACEDO, Inês Confuorto Gomes. Curículo, Discurso e Formação de Professores. In: MICHELETTI, G. & ANDRADE, Carlos A.B. (orgs.). *Olhares Múltiplos*. São Paulo: Andross, 2005.

McLAREN, P. *A Vida nas Escolas:* Uma introdução à Pedagogia Crítica nos Fundamentos da Educação. Porto Alegre: Artes Médicas, 1997.

__________. *Multiculturalismo crítico*. São Paulo: Cortez, 2000.

MOREIRA, Antônio Flávio Barbosa ; SILVA,Tomaz Tadeu da. (Org.).*Currículo, cultura e sociedade*. São Paulo: Cortez, 1994.

__________. A Psicologia e o resto: o currículo segundo César Coll. In: *Caderno de Pesquisa*, n. 100, 1997, p. 93-103.

MOSCOVICI, S. *A Representação Social da Psicanálise*. Rio de Janeiro: Zahar, 1978.

OLIVEIRA, Eloiza da Silva Gomes. Um diálogo entre o multiculturalismo crítico e teoria das representações sociais. In: *Jornada Internacional, 5, e Conferência Brasileira sobre Representações sociais*, 3, 2007, Brasília. Anais eletrônicos. Disponível em: http://www.gosites.com.br/vjirs/adm_trabalhos. Acesso em: 18 maio 2009.

ORLANDI, Eni. P. & GUIMARÃES, Eduardo. Unidade e Dispersão: uma questão do texto e do sujeito. In ORLANDI, Eni P. et al. *Sujeito & Texto*. Cadernos PUC, no. 31, São Paulo: EDUC, 1988a, p. 17-35.

ORLANDI, Eni P. *As formas do Silêncio:* No Movimento dos Sentidos. Campinas: Editora da UNICAMP, 1992.

__________. *Interpretação: Autoria, leitura e efeitos do trabalho simbólico*. 2. ed. Petrópolis: Vozes, 1996a.

__________. *A linguagem e seu funcionamento:* as formas do discurso. 4. ed. Campinas: Pontes, 1996b.

_________. *Discurso e Leitura*. 3. ed. São Paulo: Cortez, Campinas: UNICAMP, 1996c.

_________. *As formas do Silêncio:* No Movimento dos Sentidos. Campinas: Editora da UNICAMP, 1997.

_________. *O Discurso:* estrutura ou acontecimento. Tradução Eni Orlandi. Campinas: Pontes, 1990 (edição 1997).

_________. (org.) *A Leitura e os Leitores*. Campinas: Pontes, 1998b.

_________. *Análise do Discurso:* Princípios e Procedimentos. Campinas: Pontes, 1999.

_________. *Discurso e Leitura*. 5. ed. São Paulo: Cortez, Campinas: UNICAMP, Coleção passando a limpo, 2000.

_________. *Discurso e Texto:* Formulação e Circulação dos Sentidos. Campinas: Pontes, 2001.

PASSEGI, L. Os discursos da sala de aula. Para uma retórica da interação didática. In: *Vivência*. V. 12, n. 1, Natal: UFRN, jan/dez, 1998, p. 87-102.

PÊCHEUX, M & FUCHS, C (1975) A propósito da análise automática do discurso. In: Gadet, F. e Hak, T. (orgs.). Por *uma análise automática do Discurso*: Uma introdução à obra de Michel Pêcheux. Campinas: Editora da UNICAMP, 1975 (edição1990).

PÊCHEUX, M. *Semântica e discurso.* Uma crítica à afirmação do óbvio. Tradução Eni Orlandi (et. al.). Campinas: UNICAMP, 1975 (edição1997).

SILVA, T. T. da. *Documentos de Identidade*: Uma introdução às Teorias do Currículo. Belo Horizonte: Autêntica, 1999.

SPINK, Mary Jane. *Práticas Discursivas e produção de sentidos no cotidiano*: aproximações teóricas e metodológicas. 2. ed. São Paulo: Cortez, 2000.

STRONACH, I., MACLURE, M. *Educational Research undone*: The postmodern embrace. Buckingham: Open University Press, 1997.

Anexo

Prezado aluno:

Estamos realizando uma pesquisa sobre "Formação de Professores e melhorias para a qualidade de ensino" – parte de um projeto denominado "Olhos Atentos" desenvolvido neste Centro Universitário ¬– com o objetivo de analisar as representações sociais e a circulação de discursos institucionalmente legitimados presentes nos discursos dos sujeitos. Salientamos que todas as informações fornecidas neste questionário serão consideradas estritamente confidenciais e os dados reservados para uso exclusivo desta faculdade. Os resultados serão tratados em grupos e no formato de dissertação sendo que, em nenhum momento serão identificados aos participantes em análises individuais. Sua participação é voluntária e de fundamental importância para este estudo, uma vez que, somente através do seu depoimento será possível conhecer a sua realidade de trabalho e as consequências que ela traz para a sua vida. Desta forma, a decisão de participar é sua. Qualquer que seja a sua decisão, esta não lhe trará nenhuma consequência. Caso seja de seu interesse, os resultados da pesquisa estarão à sua disposição após a conclusão dos trabalhos.

Desde já, agradecemos muito sua indispensável participação. Ela é a sua contribuição para o êxito da pesquisa e enriquecimento dos resultados alcançados.

1. Como você enxerga a instituição escolar atual?

2. Qual é o objetivo maior de um professor?

3. O que o motivou a escolher este curso?

4. Este curso pode ser considerado significativo para a sua prática profissional? Por quê?

5. As teorias e práticas do nosso discurso correspondem às suas expectativas como estudante?

6. O que você aprende está em sintonia com a realidade das escolas de Ensinos Fundamental e Médio? Se não está, o que está impedindo?

7. Que papel você deverá desempenhar como profissional desta área?

8. Como formar professores compromissados com os seus alunos?

9. Como você enxerga o seu futuro aluno?

10. O que você entende por educação inclusiva?

11. O que você entende por "aluno com necessidades especiais"?

12. Descreva o bom educador.

13. Acrescente outras questões, preocupações ou sugestões que não foram abordadas por este questionário ou que você gostaria de ver discutidas.

Porto de Idéias
EDITORA

www.portodeideias.com.br

IMPRESSO NA GRÁFICA sumago
sumago gráfica editorial ltda
rua itauna, 789 vila maria
02111-031 são paulo sp
tel e fax 11 2955 5636
sumago@sumago.com.br